MEDO CLÁSSICO

THE RAVEN
Edgar Allan Poe

Ilustrações: Gustave Doré
Ilustração de capa: Dora Wheeler

Acervo de imagens: Marc Ferrez, 1890 (p.82);
Arquivo Manuela Nogueira / Casa Fernando Pessoa (p.95);
© Hokama Souza; © Alamy; © Getty Images

Tradução para a língua portuguesa
© Marcia Heloisa, 2024

Diretor Editorial
Christiano Menezes

Diretor Comercial
Chico de Assis

Diretor de Novos Negócios
Marcel Souto Maior

Diretor de Mkt e Operações
Mike Ribera

Diretora de Estratégia Editorial
Raquel Moritz

Gerente Comercial
Fernando Madeira

Gerente de Marca
Arthur Moraes

Gerente Editorial
Bruno Dorigatti

Editora
Nilsen Silva

Adap. de Capa e Proj. Gráfico
Retina 78

Coordenador de Arte
Eldon Oliveira

Coordenador de Diagramação
Sergio Chaves

Preparação e Revisão
Retina Conteúdo

Finalização
Roberto Geronimo
Sandro Tagliamento

Impressão e Acabamento
Ipsis Gráfica

DADOS INTERNACIONAIS DE CATALOGAÇÃO NA PUBLICAÇÃO (CIP)
Angelica Ilacqua CRB-8/7057

Poe, Edgar Allan, 1809-1849
 O corvo / Edgar Allan Poe ; tradução de Marcia Heloisa ; ilustrações
de Gustave Doré. — Rio de Janeiro : DarkSide Books, 2024.
 144 p. : il.

 ISBN 978-65-5598-025-7
 Título original: The Raven

 1.Poesia norte-americana
 I. Título II. Doré, Gustave III. Heloisa, Marcia
 IV. Assis, Machado de V. Pessoa, Fernando

24-0457   CDD 811

Índice para catálogo sistemático:
 1. Poesia norte-americana

[2024]
Todos os direitos desta edição reservados à
DarkSide® *Entretenimento LTDA.*
Rua General Roca, 935/504 — Tijuca
20521-071 — Rio de Janeiro – RJ – Brasil
www.darksidebooks.com

LIMITED **THE** EDITION
RAVEN
O CORVO

Edgar A Poe

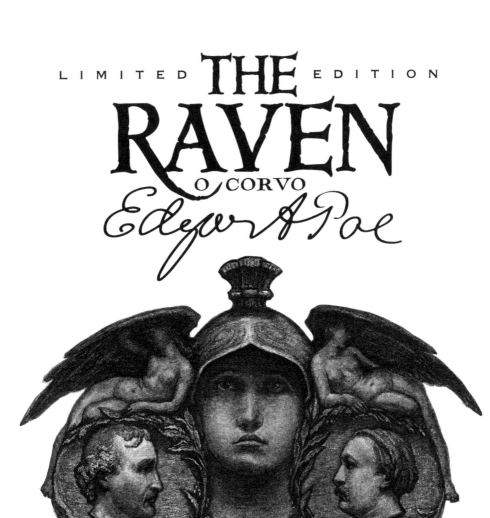

Ilustrado por
GUSTAVE DORÉ

Introdução e Notas por *Marcia Heloisa*

Traduzido por **MACHADO DE ASSIS** **FERNANDO PESSOA** **MARCIA HELOISA**

Startled at the stillness broken by reply so aptly ~~aptly~~
"Doubtless", said I, "what it utters is its only
Caught from some unhappy master whom un
Followed fast and followed faster, till his son
Till the dirges of his Hope that melancholy b
 Of 'Never —

But the Raven still beguiling all my sad sou
Straight I wheeled a cushioned seat in front o
Then, upon the velvet sinking, I betook myself
Fancy into fancy, thinking what this omino
What this grim, ungainly, ghastly, gaunt and
 Meant in croa

This I sat engaged in guessing, but no syllable
To the fowl whose fiery eyes now burned in
This and more I sat divining, with my head
On the cushion's velvet lining that the lamp-li
But whose velvet, violet lining with the lamp-

The Raven

Sumário

Introdução 9

O Corvo 21

Um Ano na Vida de Poe 99

Cartas 101

Galeria de Ilustres Tradutores de "O Corvo" no Brasil 122

Manuscrito Poético 124

Esboço Biográfico
Gustave Doré 135
Edgar Allan Poe 139

THE RAVEN
O CORVO

AVES AGOUREIRAS E OS BÁLSAMOS NO MUNDO

Em 1844, antes de conquistar sua mais excelsa glória, Edgar Allan Poe vivenciou um período de profundo isolamento. Morando nos arredores de Nova York com a esposa Virginia e a tia e sogra Maria Clemm, Poe abraçou voluntariamente um confinamento que durou quase oito meses. Distante do alvoroço da urbe, nosso plutônico poeta mais uma vez desceu às profundezas do reino da imaginação. Dessa *katabasis*, emergiu triunfante — e não regressou sozinho. Trouxe consigo uma ave que, na sombra de suas asas, abrigava o poema de uma vida inteira.

Aos 35 anos, após esgotar suas oportunidades profissionais na Filadélfia, o poeta se mudou para Nova York. Fracasso e miséria já eram antigos companheiros, mas Poe tinha ainda outras preocupações: inquietava-se com a saúde cada vez mais debilitada de Virginia[1] e penitenciava-se por sua incapacidade de se manter empregado com um salário capaz de sustentar a família. A mudança reavivou sua crença em uma nova fase mais fértil e, sobretudo, mais profícua. "Acho que o tempo está abrindo, o céu está ficando mais claro", escreveu em sua primeira manhã na cidade.[2] Referia-se ao clima, mas há um toque de falácia patética nesse dissipar de nuvens no horizonte do poeta. Infelizmente, as semanas subsequentes não seriam tão venturosas.

---

1   Virginia Clemm Poe (1822-1847), prima e esposa de Poe. Em 1842, já casada com o poeta, ela sofreu uma hemorragia pulmonar. Foi um dos primeiros sinais da tuberculose que haveria de matá-la, cinco anos depois. A longa e penosa doença de Virginia foi uma das maiores inquietudes de Poe, que lamentava não poder lhe dar uma vida mais confortável por falta de dinheiro.
2   Carta a Maria Clemm, em 7 de abril de 1844. Ver *Edgar Allan Poe: Medo Clássico, Volume 2* (DarkSide® Books, 2018).

Recém-chegado em suas novas paragens, Poe teve sorte: conseguiu vender para o respeitado jornal *The Sun* uma matéria na qual descrevia, com detalhes, uma fantástica viagem transcontinental de balão.[3] A história mobilizou uma verdadeira horda de leitores e alavancou as vendas do jornal. No entanto, ao descobrir que a suposta reportagem não passava de ficção, o público voltou-se contra o periódico e criticou duramente o autor da brincadeira. O *The Sun* viu-se obrigado a se retratar e aquela que ficaria conhecida como "a farsa do balão" afetou ainda mais a confiança dos leitores em Poe.

Embora gozasse de reconhecimento como autor, a vitória lhe escapava. Suas conquistas, literárias e materiais, eram fugazes e, não raro, maculadas por desavenças, rupturas e frustrações. Apesar da engenhosidade de seus contos e da originalidade de seus poemas, parecia não haver lugar fora da margem para Edgar Allan Poe. Com sua melancólica lira e sua prosa macabra, ele não se encaixava em nenhum dos padrões norte-americanos para definir seus literatos.[4] Embora atuasse em ambas as searas com excelência, como crítico, era implacável e, como jornalista, irascível. As anedotas sobre seu curtíssimo pavio eram quase tão conhecidas quanto os assombros de sua pena. Muitas das histórias sobre desafetos e rompantes de ira envolviam, além de excesso de bile, abuso de álcool.[5] Assim, reverenciado por seu inconteste gênio literário e temido por seu mau gênio, nosso Edgar viu-se tão incompreendido em Nova York quanto sempre o fora alhures.

Para retraçarmos os passos do poeta nos meses que antecederam sua consagração, precisamos voltar para maio de 1844. Nessa época, motivado pelas reflexões que se acumulavam em sua mente quando deambulava pelas ruas de Gotham,[6] Poe começou a escrever crônicas despretensiosas sobre a vida em Manhattan. A série, composta por sete cartas, foi publicada no semanal *Columbia Spy* com o título *Doings of Gotham*. Nesses relatos aleatórios de um

---

3   Ver *The Balloon Hoax*, publicada em edição extra do *The Sun* em 13 de abril de 1844.
4   Ou sua literatura. Para o historiador e *expert* em horror W. Scott Poole, "a obra de Poe ocupa uma posição excêntrica no cânone da literatura norte-americana". Ver *Monsters in America: Our Historical Obsession with the Hideous and the Haunting* (Baylor University Press, 2011).
5   Muito se especula sobre a relação de Poe com a bebida. Ele próprio reconhecia o vício, embora o justificasse como consequência, e não causa de seus sofrimentos. Ao longo de sua vida, colegas, conhecidos e amigos testemunharam que Poe não bebia muito, mas ficava bêbado depressa, mesmo com uma ingestão limitada de álcool. A fama de bêbado que acompanha Poe é, num certo sentido, produto de sua complexa relação com o também poeta e crítico literário Rufus Griswold.
6   Apelido de Nova York, cunhado em 1807 pelo escritor Washington Irving (1783-1859), autor de *A Lenda do Cavaleiro Sem Cabeça*, entre outros clássicos.

extraviado *flâneur*, Poe professa sincrônico fascínio e repúdio a uma vida intensamente urbana. A cena artística lhe parece morna, a arquitetura, de mau gosto, e os ruídos da cidade, ensurdecedores. Agradavam-lhe, no entanto, as caminhadas. Foi numa dessas ocasiões de exercício vigoroso aliado à reflexão que se viu diante de uma ampla casa de fazenda, afastada do centro da cidade, que lhe pareceu ideal. A propriedade pertencia a Patrick e Mary Brennan, que lá moravam com seus seis filhos. Frustrado com a vida na cidade, Poe alugou dois cômodos e mudou-se para a casa com Virginia e sua adorada tia.

A família Brennan era acolhedora e soube alternar a solicitude que se espera de anfitriões com a privacidade que se deseja em uma casa que não é nossa. Entre caminhadas na região bucólica que circundava a fazenda e instantes contemplativos diante do rio Hudson, Poe encontrou inspiração e élan para lançar-se na escrita. Em carta ao autor Frederick William Thomas, seu amigo e confidente, Poe confessa: "Há uns sete ou oito meses que vivo como um autêntico eremita, sem ver uma alma viva sequer, além da minha família". É, no entanto, nesse período de "eremita" que aperfeiçoa "O Corvo", poema que começara a compor ainda na Filadélfia. A escrita do poema não se dá apenas com o planejamento mecânico descrito por ele em seu ensaio "A Filosofia da Composição" — talvez uma de suas mais bem-sucedidas farsas —, mas também com desejo *orgânico* de êxito e subsistência. Na mesma época, em carta a Thomas H. Chivers, ele comenta esse desejo: "Vivo atualmente em isolamento absoluto, ocupando-me com livros e pensamentos ambiciosos, aguardando a hora em que possa agir com alguma certeza de sucesso".[7] E o sucesso, finalmente, veio. Ao longo de sua estada na fazenda, Poe conseguiu publicar cinco contos em seis meses[8] e, no fim do período de isolamento, ainda arrumou um emprego: em outubro de 1844, foi contratado como editor assistente do *The Evening Mirror*.[9] Para quem já atuara como editor, era de fato um retrocesso, mas, para quem estava há meses desempregado, uma esperança palpável. No entanto, nenhum desses feitos se igualou ao movimento final do maestro Poe. Em

---

7   Carta a Thomas H. Chivers, em 10 de julho de 1844.
8   Foram eles: "O Enterro Prematuro" (publicado em julho no *The Dollar Newspaper*), "Revelação Mesmérica" (publicado em agosto no *The Columbian Magazine*), "A Caixa Oblonga" (publicado em setembro no *Godey's Lady's Book*), "O Anjo do Bizarro" (publicado em outubro na *The Columbian Magazine*) e "*Thou Art the Man*" (publicado em novembro no *Godey's Lady's Book*).
9   Contratado por Nathaniel P. Willis, dono do jornal, Poe permaneceu no cargo até o início de 1845, quando assumiu como editor do *Broadway Journal*.

janeiro de 1845, ele apresenta e vende seu poema "O Corvo" para a *American Review*.[10] A magnitude desse momento é comprovada pelo seu legado na posteridade: cá estamos, caros leitores, com este poema em mãos, 180 anos depois.

Com "O Corvo", Poe conquistou atenção da crítica e do público, pela primeira vez em sua obstinada carreira. O poema, elogiado pelos seus pares, caiu também no gosto popular e logo proliferaram imitações, paródias e homenagens. Não foi, porém, uma unanimidade. Para alguns autores e críticos literários, o recurso do corvo falante beirava o cômico e as rimas e repetições do poema eram artifícios vulgares e pueris.[11] Foi, não obstante, um verdadeiro feito. "O Corvo" escancarou para Poe as portas dos círculos literários nova-iorquinos, onde passou a ser recebido com entusiasmo e reverência. Aqueles que o testemunharam declamando o poema ficaram ainda mais fascinados. Talvez o inverno de 1845 tenha sido, de fato, o pináculo do nosso poeta.

A conjunção fortuita de atmosfera, versificação e sonoridade fizeram de "O Corvo" um dos poemas mais marcantes da língua inglesa, e um dos mais analisados. Com 108 versos distribuídos em dezoito estrofes, o poema é coeso e hipnótico. Cada estrofe é composta por seis versos; desde o primeiro, em octâmetro trocaico, ao impactante refrão no final, nota-se a singularidade de sua métrica. Aliterações e repetições cíclicas o tornam vertiginoso e inescapável.

O tema sintetiza uma das obsessões do poeta, recorrente também em sua produção em prosa: a morte de uma bela mulher. Um jovem, assombrado pelas lembranças da amada morta, busca conforto nos livros para superar a angústia de sua perda. Tendo caído no sono enquanto lia, é despertado pelo que julga serem batidas na porta. Após uma breve averiguação, descobre que o som provém das janelas e, ao abri-las, é surpreendido por um corvo que invade o aposento e pousa sobre o busto de Palas Atena acima da porta do quarto. A presença do corvo inicialmente o diverte. Porém, quando nota que todas as vezes em que se dirige à ave recebe as palavras "nunca mais" como resposta, começa a se exasperar. A invasão da ave em um domínio estético reservado ao

---

10 Inicialmente, Poe tentou vender o poema para seu amigo George Rex Graham, dono da *Graham's Magazine*, que o recusou. Poe então o ofereceu para George Hooker Colton, editor e fundador da *American Review*. Colton teria comprado "O Corvo" por 10 dólares, para ser publicado no segundo número da revista, em fevereiro de 1845. No entanto, no mês anterior, o poema apareceu em 29 de janeiro no *The Evening Mirror*, com o pseudônimo Quarles.

11 Entre os críticos contemporâneos do poema, estava Ralph Waldo Emerson, o respeitado poeta transcendentalista. Posteriormente, o estilo de Poe também foi criticado por W.B. Yeats, Henry James, T.S. Eliot e Aldous Huxley.

estudo aponta para a incapacidade de reprimirmos o caos das emoções. O desatino do rapaz, personificado no corvo, lhe é tão insuportável quanto o reflexo de William Wilson no espelho.[12] Ambos culminam suas narrativas morbidamente capturados pelo duplo que os confronta.

Outro elemento notável do poema é a abundância de esferas intersticiais. A meia-noite, hora singular entre dias distintos. O mês de dezembro, zona limítrofe entre o ano que se encerra e o que principia. O estado transicional entre vigília e sono. A porta e a janela, pontos de intersecção entre ambiente interno e externo. A amada Lenore que, embora morta, paira como um fantasma romântico. E, por fim, o próprio corvo, psicopompo por excelência — condutor mítico das almas dos mortos à sua morada final, egresso dos mistérios subterrâneos de Hades. Essa liminaridade intensifica a aura de medo e incerteza que permeia o poema. Tudo que habita uma área fronteiriça tende a nos inspirar receio, pois é na fronteira que somos instados a prescindir do conforto do que é familiar para mergulharmos no desconhecido.

Podemos identificar a tensão antitética entre pragmatismo e crença no inexplicável na transformação do refrão que conclui as estrofes do poema. Nas primeiras sete estrofes, assustado com os ruídos que o despertam, o jovem esforça-se para subestimar o mistério valendo-se de justificativas lógicas. Uma visita e nada mais; o vento e nada mais. Após a entrada do corvo, o refrão se converte em "nunca mais", acentuando a cisão com o racional. Outro elemento que reforça essa ideia é o busto de Atena. Deusa grega associada à sabedoria e às artes — mas também reconhecidamente bélica —, Atena nasceu adulta e armada da cabeça de seu pai, Zeus. No poema, ela tem sua cerebral partenogênese enfatizada por um busto que lhe priva de membros. Seria simples compreendermos o corvo pousado em sua cabeça como triunfo do instinto sobre a razão. Mas a ave, estoica e comedida, parece mais racional do que o desarrazoado rapaz. O grande paradoxo do poema, no entanto, está na presença do corvo. A aura sobrenatural que permeia a aparição, assim como sua única e enigmática resposta às inquietações do interlocutor, acabam por desautorizar a rigidez de seu agouro. Afinal, um corvo que nega a possibilidade do improvável é, ele mesmo, o mais improvável dos arautos.

---

[12] Conto de Poe sobre um homem e seu duplo. Ver *Edgar Allan Poe: Medo Clássico, Volume 2* (DarkSide® Books, 2018).

Sanguíneo e fleumático ao mesmo tempo, Poe transitava nos extremos. Era capaz das críticas mais virulentas e dos panegíricos mais doces, dos exercícios mais calculados de raciocínio e dos arroubos mais calorosos de paixão. Seus ensaios contradiziam uns aos outros; suas farsas eram tomadas como relatos autênticos e suas reais ambições literárias, como farsas. Não ouso precisar a natureza do poeta, nem a do poema. Talvez "O Corvo" seja uma jocosa experimentação, feita para causar impacto e alcançar popularidade. Talvez tenha exigido todo o talento poético de seu autor. Poe o descreveu, alternadamente, como produção inferior e "o melhor poema já escrito".[13] Desconfio que mais importante do que analisarmos o transporte é reconhecermos para onde ele nos leva. A ave de Poe, benfazeja ou diabólica, o conduziu à eternidade.

Quase quarenta anos após a primeira publicação do poema, a *Harper and Brothers* idealizou uma edição de "O Corvo" com ilustrações de Gustave Doré e arte de Dora Wheeler em sua emblemática capa, na qual um anjo segura uma vela e uma chave. A edição, que aqui reproduzimos, foi marcada não apenas pela beleza das artes de Doré, mas também pelo encontro de duas almas afins. Assim como Poe, Doré transitava sem temor no reino das trevas. Seu deslumbramento pelo mistério em muito excedia seu compromisso com a materialidade do visível. Enquanto alguns artistas empregavam tintas realistas para neutralizar a fantasia, Gustave Doré privilegiava a imaginação. Além da bem-sucedida carreira como pintor e escultor, ilustrou uma série de obras literárias, dos contos de fada franceses à Bíblia, da *Divina Comédia* de Dante Alighieri ao *Dom Quixote* de Miguel Cervantes, passando por poemas de John Milton, Lord Byron, Samuel Taylor Coleridge e Alfred Tennyson. Seu encontro derradeiro, no entanto, foi com Poe. As ilustrações que se seguem foram suas últimas; o artista morreu em 1883, com apenas 51 anos.

Nesta edição, além do texto original do poema, trazemos uma tradução inédita. Escalar esta montanha poética foi uma vultosa empreitada. "O Corvo" é um dos poemas mais traduzidos da história e uma verdadeira galeria de ilustres já testou a maciez de suas penas em solene carícia às plumas de ave.[14] O grande desafio em tradução é preservar o respeito pela obra e a lealdade ao autor, sem, no entanto, ter a criatividade cerceada. A tradução é, afinal, um translado e,

---

13   Declaração ao poeta William Ross Wallace. Ver *The Poe Log: A Documentary Life of Edgar Allan Poe 1809-1849* (G.K. Hall, 1987).

14   O poeta e tradutor Elson Fróes compilou diversas traduções do poema em.elsonfroes.com.br/framepoe.htm.

para que alcancemos a outra margem, é preciso molhar os pés. Nenhum texto chega enxuto ao seu destino. Na travessia tradutória, é preciso prosseguir com água pelas canelas, sem galochas impermeáveis, encharcando palavras estrangeiras na abundância fluvial do nosso belíssimo idioma.

Para completar nossa edição especial e comemorativa, incluímos uma nova seleção epistolar com cartas do autor inéditas no Brasil e especialmente selecionadas e traduzidas para esta edição. Aos que apreciam um vislumbre dos bastidores, convidamos a investigar os pensamentos de Poe em missivas escritas antes e depois da publicação do poema.

Edgar Allan Poe atravessou incontáveis noites de angústia e desamparo. Mas nos deixou um poema que atesta que, mesmo cercados por múltiplos temores, todos nós somos capazes de vencer os medos que nos paralisam quando unidos em nome da arte.

É assim que espantamos o vaticínio funesto das aves agoureiras que nos rondam e, juntos, transformamos "nunca mais" em "para sempre".

Marcia Heloisa

pon a midnight dreary, while I pondered, w
ny a quaint and curious volume of forgotte
I nodded, nearly napping, suddenly there cam
ome one gently rapping, rapping at my chan
ome visiter," I muttered, "tapping at my cha
                    Only this and noth

stinctly I remember it was in the bleak Dec
ach separate dying ember wrought its ghost
 I wished the morrow;— vainly I had sor
my books surcease of sorrow — sorrow for th
 rare and radiant maiden whom the ang
                    Nameless here for

he silken, sad, uncertain rustling of each
 me, filled me with fantastic terrors nev
 now, to still the beating of my heart, I
ome visiter entreating entrance at my chan

The Raven.

Edgar A Poe 1845

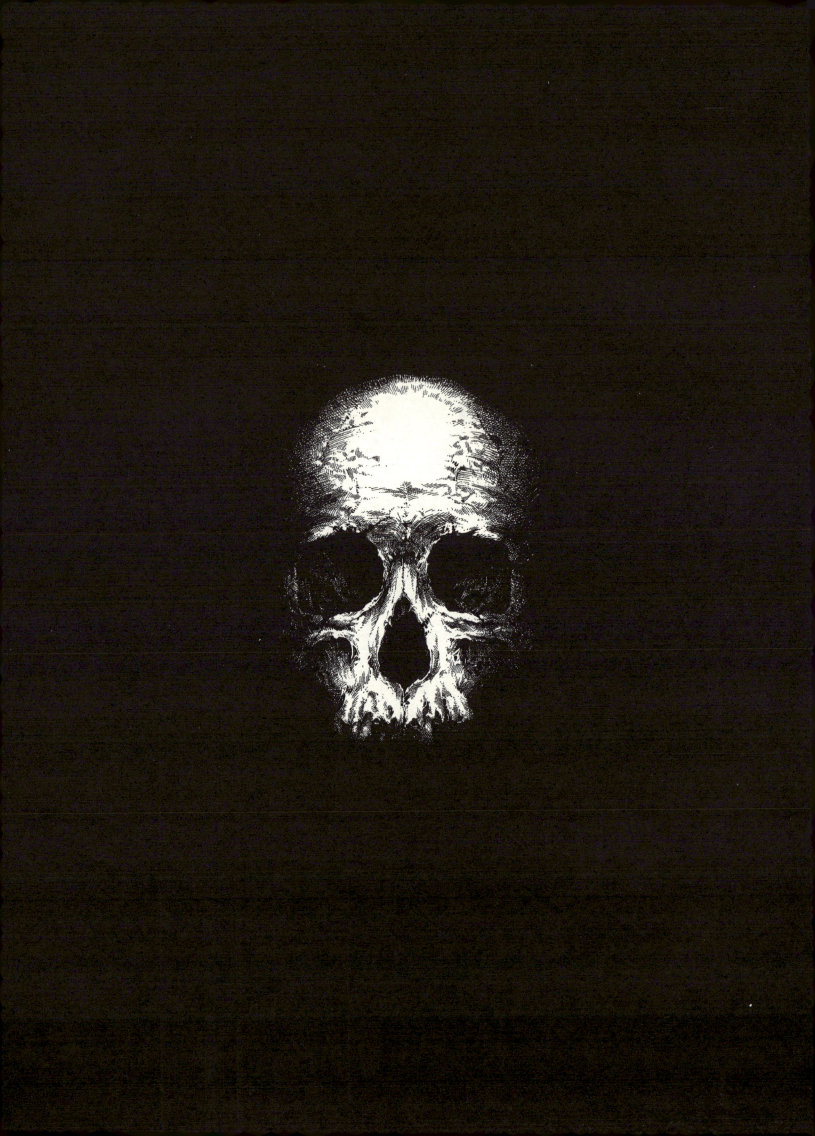

EDGAR ALLAN POE

1845

Once upon a midnight dreary, while I pondered, weak and weary,
Over many a quaint and curious volume of forgotten lore—
*   While I nodded, nearly napping, suddenly there came a tapping,*
As of some one gently rapping, rapping at my chamber door.
"'Tis some visitor," I muttered, "tapping at my chamber door—
*   Only this and nothing more."*

*   Ah, distinctly I remember it was in the bleak December;*
And each separate dying ember wrought its ghost upon the floor.
*   Eagerly I wished the morrow;—vainly I had sought to borrow*
*   From my books surcease of sorrow—sorrow for the lost Lenore—*
For the rare and radiant maiden whom the angels name Lenore—
*   Nameless here for evermore.*

And the silken, sad, uncertain rustling of each purple curtain
Thrilled me—filled me with fantastic terrors never felt before;
So that now, to still the beating of my heart, I stood repeating
"'Tis some visitor entreating entrance at my chamber door—
Some late visitor entreating entrance at my chamber door;—
This it is and nothing more."

Presently my soul grew stronger; hesitating then no longer,
"Sir," said I, "or Madam, truly your forgiveness I implore;
But the fact is I was napping, and so gently you came rapping,
And so faintly you came tapping, tapping at my chamber door,
That I scarce was sure I heard you"—here I opened wide the door;—
Darkness there and nothing more.

Deep into that darkness peering, long I stood there wondering, fearing,
Doubting, dreaming dreams no mortal ever dared to dream before;
But the silence was unbroken, and the stillness gave no token,
And the only word there spoken was the whispered word, "Lenore?"
This I whispered, and an echo murmured back the word, "Lenore!"—
Merely this and nothing more.

Back into the chamber turning, all my soul within me burning,
Soon again I heard a tapping somewhat louder than before.
"Surely," said I, "surely that is something at my window lattice;
Let me see, then, what thereat is, and this mystery explore—
Let my heart be still a moment and this mystery explore;—
'Tis the wind and nothing more!"

Open here I flung the shutter, when, with many a flirt and flutter,
In there stepped a stately Raven of the saintly days of yore;
    Not the least obeisance made he; not a minute stopped or stayed he;
    But, with mien of lord or lady, perched above my chamber door—
Perched upon a bust of Pallas just above my chamber door—
      Perched, and sat, and nothing more.

Then this ebony bird beguiling my sad fancy into smiling,
By the grave and stern decorum of the countenance it wore,
    "Though thy crest be shorn and shaven, thou," I said, "art sure no craven,
    Ghastly grim and ancient Raven wandering from the Nightly shore—
Tell me what thy lordly name is on the Night's Plutonian shore!"
      Quoth the Raven "Nevermore."

Much I marvelled this ungainly fowl to hear discourse so plainly,
Though its answer little meaning—little relevancy bore;
    For we cannot help agreeing that no living human being
    Ever yet was blessed with seeing bird above his chamber door—
Bird or beast upon the sculptured bust above his chamber door,
      With such name as "Nevermore."

But the Raven, sitting lonely on the placid bust, spoke only
That one word, as if his soul in that one word he did outpour.
    Nothing farther then he uttered—not a feather then he fluttered—
    Till I scarcely more than muttered "Other friends have flown before—
On the morrow he will leave me, as my Hopes have flown before."
      Then the bird said "Nevermore."

Startled at the stillness broken by reply so aptly spoken,
"Doubtless," said I, "what it utters is its only stock and store
*   Caught from some unhappy master whom unmerciful Disaster*
*   Followed fast and followed faster till his songs one burden bore—*
Till the dirges of his Hope that melancholy burden bore
*   Of 'Never—nevermore'."*

But the Raven still beguiling all my fancy into smiling,
Straight I wheeled a cushioned seat in front of bird, and bust and door;
*   Then, upon the velvet sinking, I betook myself to linking*
*   Fancy unto fancy, thinking what this ominous bird of yore—*
What this grim, ungainly, ghastly, gaunt, and ominous bird of yore
*   Meant in croaking "Nevermore."*

This I sat engaged in guessing, but no syllable expressing
To the fowl whose fiery eyes now burned into my bosom's core;
*   This and more I sat divining, with my head at ease reclining*
*   On the cushion's velvet lining that the lamp-light gloated o'er,*
But whose velvet-violet lining with the lamp-light gloating o'er,
*   She shall press, ah, nevermore!*

Then, methought, the air grew denser, perfumed from an unseen censer
Swung by Seraphim whose foot-falls tinkled on the tufted floor.
*   "Wretch," I cried, "thy God hath lent thee—by these angels he hath sent thee*
*   Respite—respite and nepenthe from thy memories of Lenore;*
Quaff, oh quaff this kind nepenthe and forget this lost Lenore!"
*   Quoth the Raven "Nevermore."*

"Prophet!" said I, "thing of evil!—prophet still, if bird or devil!—
Whether Tempter sent, or whether tempest tossed thee here ashore,
   Desolate yet all undaunted, on this desert land enchanted—
   On this home by Horror haunted—tell me truly, I implore—
Is there—is there balm in Gilead?—tell me—tell me, I implore!"
      Quoth the Raven "Nevermore."

"Prophet!" said I, "thing of evil!—prophet still, if bird or devil!
By that Heaven that bends above us—by that God we both adore—
   Tell this soul with sorrow laden if, within the distant Aidenn,
   It shall clasp a sainted maiden whom the angels name Lenore—
Clasp a rare and radiant maiden whom the angels name Lenore."
      Quoth the Raven "Nevermore."

"Be that word our sign of parting, bird or fiend!" I shrieked, upstarting—
"Get thee back into the tempest and the Night's Plutonian shore!
   Leave no black plume as a token of that lie thy soul hath spoken!
   Leave my loneliness unbroken!—quit the bust above my door!
Take thy beak from out my heart, and take thy form from off my door!"
      Quoth the Raven "Nevermore."

And the Raven, never flitting, still is sitting, still is sitting
On the pallid bust of Pallas just above my chamber door;
   And his eyes have all the seeming of a demon's that is dreaming,
   And the lamp-light o'er him streaming throws his shadow on the floor;
And my soul from out that shadow that lies floating on the floor
      Shall be lifted—nevermore!

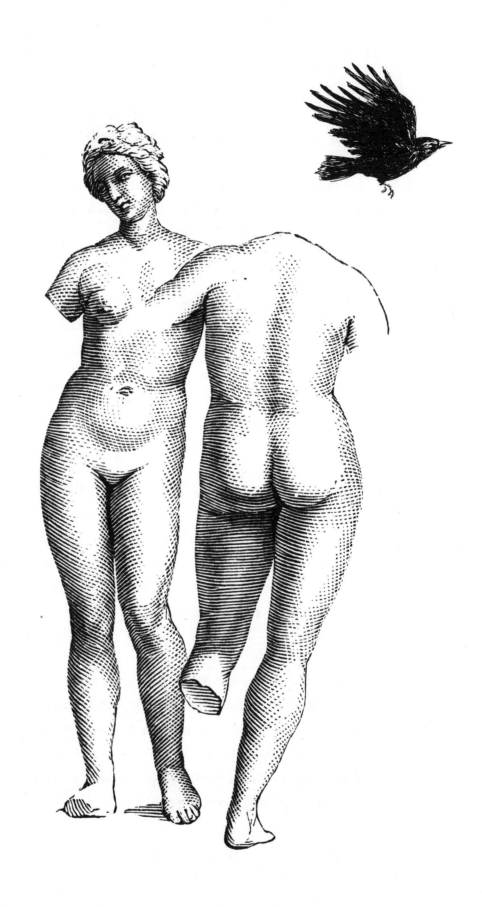

Tradução   MARCIA HELOISA

2024

À meia-noite silente, enquanto lia, douto e dolente,
Vetustos tomos de curiosos contos ancestrais,
    Dormitava em exaustão incontida, quando ouvi uma batida,
A soar enfraquecida à beira dos meus portais.
"Uma visita", murmurei, "a bater em meus portais.
       Apenas isso e nada mais."

    Ah, assim eu bem me lembro, foi no fatídico dezembro,
As flamas no soalho ardendo em agonias desiguais,
    Ansiava pelo dia vindouro — buscava em vão o consolo
    De, entre capas de couro, curar memórias abissais
Da rara e radiante Lenore, que entre anjos hoje jaz
       A quem verei aqui nunca mais.

E o sedoso, sóbrio e insano roçagar dos roxos panos
Atingiu-me — acossou-me com pesadelos anormais.
Para silenciar o coração nervoso, dei a repetir, brioso:
"Um visitante ansioso para entrar em meus portais,
Um visitante ansioso, a bater em meus portais,
Apenas isso e nada mais."

Minh'alma cresceu em coragem, confrontei, pois, a miragem
"Senhor", disse eu, "ou Dama, não intento ser mordaz,
Mas à madorna estava entregue e vossa batida leve
Tão mansa e tão breve, a soar em meus portais,
Pareceu-me um delírio" — alarguei a porta, audaz.
Escuridão lá fora, e nada mais.

Fitei o fosso da treva, em um terror que muito enerva,
Temendo, tecendo, tramando sonhos que julguei reais,
O silêncio recrudesceu, nenhuma fresta feriu o breu
E a palavra que escorreu em seivas fantasmais,
O sopro de um sussurro, em pleitos fantasmais.
Lenore, eu ouvi, e nada mais.

De volta à sala lôbrega, com a alma ainda trôpega,
Ouço a batida sôfrega, em súplicas pontuais:
"Há algo na cancela, a rondar minha janela,
Que o lume desta vela alumie meus umbrais.
Acalma-te, coração, fez-se luz em meus umbrais.
É só o vento e nada mais!"

Alarguei então a fenestra, e com aura altiva e sestra,
Surge um Corvo imperioso, de nobres eras magistrais.
Imbuído de mesura, não perdeu a compostura,
E com ar de realeza pousou em meus portais.
Em um busto de Atena, ao topo dos portais
Pousou, pétreo, e nada mais.

O porte da ebânea alteza espantou minha tristeza
E diante de seu cenho sóbrio, esqueci-me de meus ais.
"Embora hirto e empertigado, não pareces assustado,
Plutônico emissário alado, egresso de fossas avernais.
Como se chama vossa fidalguia, em tais terras avernais?"
Disse-me o Corvo: "Nunca mais".

Pus-me assaz pasmo perante aquele pássaro falante
Embora suas ditas e desditas não passassem de primais.
Mas nunca vira eu na vida tal criatura esclarecida
Empreender fausta visita ao norte de meus portais —
Corvo ou quimera, no busto ao norte dos portais,
Apresentando-se apenas como "Nunca mais".

Mas a ave, bem serena, pousada no busto de Atena,
Vertia d'alma a verdade com intento contumaz.
Sucinto e sem desvio — nem em pena nem em pio —
Que murmurei, não sem brio, "Já tive visitas tais —
Amanhã me abandonas, como promessa fugaz."
E o Corvo respondeu: "Nunca mais".

Pasmo com a placidez rompida pela palavra proferida,
"Sua prosódia", pensei, "se limita à meras trovas triviais,
  Furtadas de um dono miserável cujo destino implacável
  Reduziu em detestável refrão todos os seus ais —
A esperança em epitáfio, em seus funéreos ais
    A vaticinar apenas... nunca mais."

Mas em sua prosa escassa havia tamanha graça
Que puxei a poltrona para ter com ele em meus portais.
  E no enlace do veludo pus-me em profundo estudo
  Do semblante tão sisudo da ave de agouros ancestrais —
E do que a grave, ingrata, grotesca ave de agouros ancestrais
    Queria me dizer com "Nunca mais".

Nisso quedei refletindo, mas nenhum som emitindo
À criatura em cujos olhos candentes ardiam chamas más.
  Senti a mente assim ocupada, com a cabeça encostada
  Na almofada aveludada que a luz banhava assaz,
O veludo violáceo que a luz banhava assaz,
    Onde a amada encostará nunca mais!

O ar pesado, ébrio, incrível, como incenso invisível,
Alastrado por um anjo, a tilintar no tapete seus passos divinais.
  "Ingrato", bradei eu, "teu Deus benevolente, em serafim olente,
  Enviaste entorpecente para de Lenore não lembrar mais.
Beba este gentil nepente e dela não se lembre mais!"
    Disse o Corvo: "Nunca mais".

"Profeta ou pária medonho! Profeta, ave ou demônio!
Por tentação ou tempestade trazido às terras costais,
Abatido, mas denodado, neste solo ermo encantado —
Neste aposento pelo azar assombrado — sê franco e veraz —
Há bálsamo em Gileade? Dê-me resposta veraz!"
Disse o Corvo: "Nunca mais".

"Profeta ou pária medonho! Profeta, ave ou demônio!
Pelo céu ao qual clamamos, pelo Deus ao qual rogais,
Diga a este espírito errante se verá no paraíso distante
A santa e constante donzela apartada dos mortais —
A rara e radiante donzela usurpada dos mortais."
Disse o Corvo: "Nunca mais".

"Eis que tarda o nosso adeus, ave de Satã ou Deus!
Vade-retro em retorno àquelas searas infernais!
Que nenhuma pluma tetra deste fúnebre profeta
Eternize em minha sina sua síntese abjeta — saia dos portais!
Liberte meu peito dessas presas, desgarre enfim dos portais!"
Disse o Corvo: "Nunca mais".

E o Corvo, estátua fria, em férrea e funda paralisia,
Permanece empoleirado no busto em meus portais.
E seus olhos têm o enleio de um demônio em devaneio,
E a luz que o banha em cheio lança vultos espectrais.
E minh'alma dessa sombra em suas asas espectrais
Será liberta... nunca mais!

THE RAVEN
O CORVO

Edgar A Poe

UNIVERSO POÉTICO ILUSTRADO

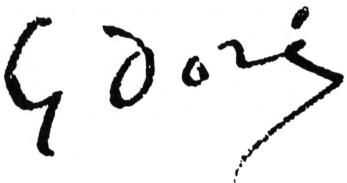

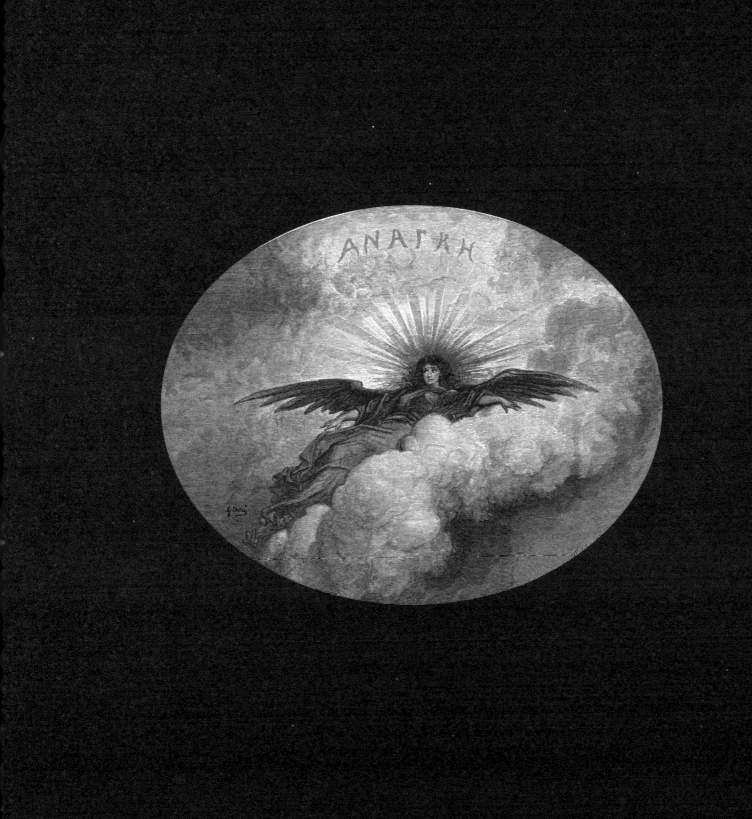

Edgar A Poe

À MEIA-NOITE
silente
ENQUANTO LIA,
DOUTO E DOLENTE,
VETUSTOS TOMOS
DE CURIOSOS CONTOS
ancestrais.

E.A.P
*Once upon a midnight dreary, while
   I pondered, weak and weary,
Over many a quaint and curious
   volume of forgotten lore—*

M.A
*Em certo dia, à hora, à hora
Da meia-noite que apavora,
Eu, caindo de sono e exausto de fadiga,
Ao pé de muita lauda antiga,*

F.P
*Numa meia-noite agreste,
   quando eu lia, lento e triste,
Vagos, curiosos tomos de ciências
   ancestrais,*

Edgar A Poe

AH, ASSIM
EU BEM *me lembro*,
FOI NO FATÍDICO
dezembro,
AS FLAMAS NO SOALHO
ardendo EM AGONIAS
DESIGUAIS.

E.A.P
*Ah, distinctly I remember it was in
 the bleak December;
And each separate dying ember
 wrought its ghost upon the floor.*

M.A
*Ah! bem me lembro! bem me lembro!
Era no glacial dezembro;
Cada brasa do lar sobre o chão refletia
A sua última agonia.*

F.P
*Ah, que bem disso me lembro!
 Era no frio dezembro,
E o fogo, morrendo negro, urdia
 sombras desiguais.*

Edgar A Poe

Ansiava pelo
dia vindouro —
buscava em vão
o consolo de, entre
capas de couro,
curar memórias
abissais.

E.A.P
Eagerly I wished the morrow;
   —vainly I had sought to borrow
From my books surcease of sorrow
   —sorrow for the lost Lenore—

M.A
Eu, ansioso pelo sol, buscava
Sacar daqueles livros que estudava
Repouso (em vão!) à dor esmagadora
Destas saudades imortais

F.P
Como eu qu'ria a madrugada,
   toda a noite aos livros dada
P'ra esquecer (em vão!) a amada,
   hoje entre hostes celestiais —

Edgar A Poe

DA RARA
E RADIANTE
Lenore,
QUE ENTRE ANJOS
HOJE JAZ.

E.A.P
For the rare and radiant maiden whom the angels name Lenore—

M.A
Pela que ora nos céus anjos chamam Lenora.

F.P
Essa cujo nome sabem as hostes celestiais,

Edgar A Poe

A QUEM VEREI
aqui
NUNCA MAIS.

E.A.P
Nameless here for evermore.

M.A
E que ninguém chamará mais.

F.P
Mas sem nome aqui jamais!

Edgar A Poe

"Um visitante ansioso para entrar em meus portais, um *visitante* ansioso, a bater em meus *portais*."

E.A.P
"Tis some visitor entreating
 entrance at my chamber door—
Some late visitor entreating entrance
 at my chamber door;—

M.A
(Disse) é visita amiga e retardada
Que bate a estas horas tais.
É visita que pede à minha porta
 entrada:

F.P
"É uma visita pedindo entrada
 aqui em meus umbrais;
Uma visita tardia pede entrada
 em meus umbrais.

Edgar A Poe

Alarguei A PORTA, AUDAZ. ESCURIDÃO LÁ FORA, E NADA *mais*.

E.A.P
[...] here I opened wide the door;—
Darkness there and nothing more.

M.A
Disse; a porta escancaro, acho a noite somente,
Somente a noite, e nada mais.

F.P
[...] E abri largos, franqueando-os, meus umbrais.
Noite, noite e nada mais.

Edgar A Poe

TEMENDO,
TECENDO,
TRAMANDO *sonhos*
QUE JULGUEI
reais.

E.A.P
Doubting, dreaming dreams no mortal ever dared to dream before;

M.A
E sonho o que nenhum mortal há já sonhado,

F.P
Dúbio e tais sonhos sonhando que os ninguém sonhou iguais.

Edgar A Poe

"Há algo
na *cancela*,
a rondar
minha janela,
que o lume desta
vela
alumie meus
umbrais."

E.A.P
"Surely," said I, "surely that is
  something at my window lattice;
Let me see, then, what thereat is,
  and this mystery explore—

M.A
"Seguramente, há na janela
Alguma cousa que sussurra. Abramos,
Eia, fora o temor, eia, vejamos
A explicação do caso misterioso
Dessas duas pancadas tais.

F.P
"Por certo", disse eu, "aquela
  bulha é na minha janela.
Vamos ver o que está nela,
  e o que são estes sinais."

Edgar A Poe

ACALMA-TE,
coração,
FEZ-SE LUZ
EM MEUS
umbrais.

E.A.P
*Let my heart be still a moment and
this mystery explore;—*

M.A
Devolvamos a paz ao coração medroso,

F.P
*Meu coração se distraía
pesquisando estes sinais.*

Edgar A Poe

SURGE
UM *Corvo* IMPERIOSO,
DE NOBRES ERAS
magistrais.
IMBUÍDO DE MESURA,
NÃO PERDEU A
compostura.

E.A.P
*In there stepped a stately Raven of
  the saintly days of yore;
Not the least obeisance made he; not
  a minute stopped or stayed he;*

M.A
*Vejo tumultuosamente
Um nobre corvo entrar, digno de
  antigos dias.
Não despendeu em cortesias*

F.P
*Entrou grave e nobre um corvo
  dos bons tempos ancestrais.
Não fez nenhum cumprimento,
  não parou nem um momento,*

Edgar A Poe

EM UM BUSTO
DE *Atena*,
AO TOPO DOS PORTAIS
POUSOU,
pétreo,
E NADA MAIS.

E.A.P
*Perched upon a bust of Pallas just
    above my chamber door—
Perched, and sat, and nothing more.*

M.A
*Acima voa dos portais,
Trepa, no alto da porta, em um busto
    de Palas;
Trepado fica, e nada mais.*

F.P
*Num alvo busto de Atena que
    há por sobre meus umbrais,
Foi, pousou, e nada mais.*

Edgar A Poe

EGRESSO
DE FOSSAS
avernais.

E.A.P
[...] *wandering from the Nightly shore—*

M.A
[...] *Ó tu que das noturnas plagas*

F.P
[...] *lá das trevas infernais!*

Edgar A Poe

QUE *murmurei*,
NÃO SEM BRIO,
"JÁ TIVE VISITAS TAIS —
Amanhã ME
ABANDONAS,
COMO *promessa*
FUGAZ."

E.A.P
*Till I scarcely more than muttered
 "Other friends have flown before—
On the morrow he will leave me,
 as my Hopes have flown before."*

M.A
*Até que eu murmurei: "Perdi outrora
Tantos amigos tão leais!
Perderei também este em regressando
 a aurora".*

F.P
*Perdido, murmurei lento,
 "Amigos, sonhos — mortais
Todos — todos já se foram.
 Amanhã também te vais".*

Edgar A Poe

E NO
enlace
DO VELUDO,
PUS-ME
EM *profundo*
ESTUDO.

E.A.P
*Then, upon the velvet sinking,
I betook myself to linking*

M.A
E mergulhando no veludo

F.P
*E, enterrado na cadeira, pensei
de muita maneira*

Edgar A Poe

O VELUDO
violáceo
QUE A LUZ
BANHAVA ASSAZ,
ONDE A *amada*
ENCOSTARÁ
NUNCA MAIS!

E.A.P
*But whose velvet-violet lining with
  the lamp-light gloating o'er,
She shall press, ah, nevermore!*

M.A
*De outra cabeça outrora ali se
  desparziam,
E agora não se esparzem mais.*

F.P
*Naquele veludo onde ela, entre
  as sombras desiguais,
Reclinar-se-á nunca mais!*

Edgar A Poe

"Ingrato",
BRADEI EU,
"TEU DEUS
benevolente,
EM SERAFIM OLENTE,
ENVIASTE
entorpecente
PARA DE LENORE
NÃO LEMBRAR MAIS!"

E.A.P
"Wretch," I cried, "thy God hath lent thee
　—by these angels he hath sent thee
Respite—respite and nepenthe from
　thy memories of Lenore;

M.A
E eu exclamei então: "Um Deus sensível
Manda repouso à dor que te devora
Destas saudades imortais.

F.P
"Maldito!", a mim disse, "deu-te
　Deus, por anjos concedeu-te
O esquecimento; valeu-te.
　Toma-o, esquece, com teus ais,

Edgar A Poe

Neste
APOSENTO
PELO *azar*
ASSOMBRADO.

E.A.P
On this home by Horror haunted

M.A
Nesta casa onde o Horror, o Horror profundo
Tem os seus lares triunfais,

F.P
A esta casa de ânsia e medo

Edgar A Poe

SÊ FRANCO
E VERAZ —
HÁ *bálsamo*
EM GILEADE?
DÊ-ME RESPOSTA
veraz!

E.A.P
[...] tell me truly, I implore—
Is there—is there balm in Gilead?—
　tell me—tell me, I implore!"

M.A
Dize-me: existe acaso um bálsamo no
　mundo?".

F.P
[...] dize a esta alma a quem atrais
Se há um bálsamo longínquo
　para esta alma a quem atrais!

Edgar A Poe

DIGA A ESTE *espírito* ERRANTE SE VERÁ NO PARAÍSO *distante* A SANTA E *constante* DONZELA APARTADA DOS MORTAIS.

E.A.P
Tell this soul with sorrow laden if,
   within the distant Aidenn,
It shall clasp a sainted maiden
   whom the angels name Lenore

M.A
Dize a esta alma se é dado inda escutá-la
No Éden celeste a virgem que ela chora
Nestes retiros sepulcrais

F.P
Dize a esta alma entristecida se
   no Éden de outra vida
Verá essa hoje perdida entre
   hostes celestiais,

Edgar A Poe

Eis que tarda o nosso adeus, ave de Satã ou Deus!

E.A.P
"Be that word our sign of parting, bird or fiend!" I shrieked, upstarting—

M.A
"Ave ou demônio que negrejas! Profeta, ou o que quer que sejas! Cessa, ai, cessa! clamei, levantando-me, cessa!

F.P
"Que esse grito nos aparte, ave ou diabo!", eu disse. "Parte!

Edgar A Poe

VADE-RETRO
EM *retorno*
ÀQUELAS SEARAS
infernais!

E.A.P
*"Get thee back into the tempest and
the Night's Plutonian shore!*

M.A
*Regressa ao temporal, regressa
À tua noite, deixa-me comigo.*

F.P
*Torna à noite e à tempestade!
Torna às trevas infernais!*

Edgar A Poe

E MINH'ALMA
DESSA *sombra*
EM SUAS ASAS
ESPECTRAIS
SERÁ LIBERTA...
nunca mais!

E.A.P
And my soul from out that shadow
   that lies floating on the floor
Shall be lifted—nevermore!

M.A
Que flutuam no chão, a minha
   alma que chora
Não sai mais, nunca, nunca mais!

F.P
E a minh'alma dessa sombra
   que no chão há mais e mais,
Libertar-se-á... nunca mais!

Shall be lifted —— nevermore.

Edgar A. Poe.

Tradução MACHADO DE ASSIS

1883

Em certo dia, à hora, à hora
Da meia-noite que apavora,
Eu, caindo de sono e exausto de fadiga,
Ao pé de muita lauda antiga,
De uma velha doutrina, agora morta,
Ia pensando, quando ouvi à porta
Do meu quarto um soar devagarinho,
E disse estas palavras tais:
"É alguém que me bate à porta de mansinho;
Há de ser isso e nada mais".

Ah! bem me lembro! bem me lembro!
Era no glacial dezembro;
Cada brasa do lar sobre o chão refletia
A sua última agonia.
Eu, ansioso pelo sol, buscava
Sacar daqueles livros que estudava
Repouso (em vão!) à dor esmagadora
Destas saudades imortais
Pela que ora nos céus anjos chamam Lenora.
E que ninguém chamará mais.

E o rumor triste, vago, brando
Das cortinas ia acordando
Dentro em meu coração um rumor não sabido,
Nunca por ele padecido.
Enfim, por aplacá-lo aqui no peito,
Levantei-me de pronto, e: "Com efeito,
(Disse) é visita amiga e retardada
Que bate a estas horas tais.
É visita que pede à minha porta entrada:
Há de ser isso e nada mais".

Minh'alma então sentiu-se forte;
Não mais vacilo e desta sorte
Falo: 'Imploro de vós, — ou senhor ou senhora,
Me desculpeis tanta demora.
Mas como eu, precisando de descanso,
Já cochilava, e tão de manso e manso
Batestes, não fui logo, prestemente,
Certificar-me que aí estais".
Disse; a porta escancaro, acho a noite somente,
Somente a noite, e nada mais.

Com longo olhar escruto a sombra,
Que me amedronta, que me assombra,
E sonho o que nenhum mortal há já sonhado,
Mas o silêncio amplo e calado,
Calado fica; a quietação quieta;
Só tu, palavra única e dileta,
Lenora, tu, como um suspiro escasso,
Da minha triste boca sais;
E o eco, que te ouviu, murmurou-te no espaço;
Foi isso apenas, nada mais.

Entro coa alma incendiada.
Logo depois outra pancada
Soa um pouco mais forte; eu, voltando-me a ela:
"Seguramente, há na janela
Alguma cousa que sussurra. Abramos,
Eia, fora o temor, eia, vejamos
A explicação do caso misterioso
Dessas duas pancadas tais.
Devolvamos a paz ao coração medroso,
Obra do vento e nada mais".

Abro a janela, e de repente,
Vejo tumultuosamente
Um nobre corvo entrar, digno de antigos dias.
Não despendeu em cortesias
Um minuto, um instante. Tinha o aspecto
De um lord ou de uma lady. E pronto e reto,
Movendo no ar as suas negras alas,
Acima voa dos portais,
Trepa, no alto da porta, em um busto de Palas;
Trepado fica, e nada mais.

Diante da ave feia e escura,
Naquela rígida postura,
Com o gesto severo, — o triste pensamento
Sorriu-me ali por um momento,
E eu disse: "Ó tu que das noturnas plagas
Vens, embora a cabeça nua tragas,
Sem topete, não és ave medrosa,
Dize os teus nomes senhoriais;
Como te chamas tu na grande noite umbrosa?".
E o corvo disse: "Nunca mais".

Vendo que o pássaro entendia
A pergunta que lhe eu fazia,
Fico atônito, embora a resposta que dera
Dificilmente lhe entendera.
Na verdade, jamais homem há visto
Cousa na terra semelhante a isto:
Uma ave negra, friamente posta
Num busto, acima dos portais,
Ouvir uma pergunta e dizer em resposta
Que este é seu nome: "Nunca mais".

No entanto, o corvo solitário
Não teve outro vocabulário,
Como se essa palavra escassa que ali disse
Toda a sua alma resumisse.
Nenhuma outra proferiu, nenhuma,
Não chegou a mexer uma só pluma,
Até que eu murmurei: "Perdi outrora
Tantos amigos tão leais!
Perderei também este em regressando a aurora".
E o corvo disse: "Nunca mais!".

Estremeço. A resposta ouvida
É tão exata! é tão cabida!
"Certamente, digo eu, essa é toda a ciência
Que ele trouxe da convivência
De algum mestre infeliz e acabrunhado
Que o implacável destino há castigado
Tão tenaz, tão sem pausa, nem fadiga,
Que dos seus cantos usuais
Só lhe ficou, na amarga e última cantiga,
Esse estribilho: "Nunca mais".

Segunda vez, nesse momento,
Sorriu-me o triste pensamento;
Vou sentar-me defronte ao corvo magro e rudo;
E mergulhando no veludo
Da poltrona que eu mesmo ali trouxera
Achar procuro a lúgubre quimera,
A alma, o sentido, o pávido segredo
Daquelas sílabas fatais,
Entender o que quis dizer a ave do medo
Grasnando a frase: "Nunca mais".

Assim posto, devaneando,
Meditando, conjeturando,
Não lhe falava mais; mas, se lhe não falava,
Sentia o olhar que me abrasava.
Conjeturando fui, tranquilo a gosto,
Com a cabeça no macio encosto
Onde os raios da lâmpada caíam,
Onde as tranças angelicais
De outra cabeça outrora ali se desparziam,
E agora não se esparzem mais.

Supus então que o ar, mais denso,
Todo se enchia de um incenso,
Obra de serafins que, pelo chão roçando
Do quarto, estavam meneando
Um ligeiro turíbulo invisível;
E eu exclamei então: "Um Deus sensível
Manda repouso à dor que te devora
Destas saudades imortais.
Eia, esquece, eia, olvida essa extinta Lenora".
E o corvo disse: "Nunca mais".

"Profeta, ou o que quer que sejas!
Ave ou demônio que negrejas!
Profeta sempre, escuta: Ou venhas tu do inferno
Onde reside o mal eterno,
Ou simplesmente náufrago escapado
Venhas do temporal que te há lançado
Nesta casa onde o Horror, o Horror profundo
Tem os seus lares triunfais,
Dize-me: existe acaso um bálsamo no mundo?".
E o corvo disse: "Nunca mais".

"Profeta, ou o que quer que sejas!
Ave ou demônio que negrejas!
Profeta sempre, escuta, atende, escuta, atende!
Por esse céu que além se estende,
Pelo Deus que ambos adoramos, fala,
Dize a esta alma se é dado inda escutá-la
No Éden celeste a virgem que ela chora
Nestes retiros sepulcrais,
Essa que ora nos céus anjos chamam Lenora!"
E o corvo disse: "Nunca mais".
"Ave ou demônio que negrejas!

Profeta, ou o que quer que sejas!
Cessa, ai, cessa! clamei, levantando-me, cessa!
Regressa ao temporal, regressa
À tua noite, deixa-me comigo.
Vai-te, não fique no meu casto abrigo
Pluma que lembre essa mentira tua.
Tira-me ao peito essas fatais
Garras que abrindo vão a minha dor já crua."
E o corvo disse: "Nunca mais".

E o corvo aí fica; ei-lo trepado
No branco mármore lavrado
Da antiga Palas; ei-lo imutável, ferrenho.
Parece, ao ver-lhe o duro cenho,
Um demônio sonhando. A luz caída
Do lampião sobre a ave aborrecida
No chão espraia a triste sombra; e, fora
Daquelas linhas funerais
Que flutuam no chão, a minha alma que chora
Não sai mais, nunca, nunca mais!

Tradução **FERNANDO PESSOA**

1924

Numa meia-noite agreste, quando eu lia, lento e triste,
Vagos, curiosos tomos de ciências ancestrais,
E já quase adormecia, ouvi o que parecia
O som de alguém que batia levemente a meus umbrais.
"Uma visita", eu me disse, "está batendo a meus umbrais.
É só isto, e nada mais."

Ah, que bem disso me lembro! Era no frio dezembro,
E o fogo, morrendo negro, urdia sombras desiguais.
Como eu qu'ria a madrugada, toda a noite aos livros dada
P'ra esquecer (em vão!) a amada, hoje entre hostes celestiais —
Essa cujo nome sabem as hostes celestiais,
Mas sem nome aqui jamais!

Como, a tremer frio e frouxo, cada reposteiro roxo
Me incutia, urdia estranhos terrores nunca antes tais!
Mas, a mim mesmo infundido força, eu ia repetindo,
"É uma visita pedindo entrada aqui em meus umbrais;
Uma visita tardia pede entrada em meus umbrais.
É só isto, e nada mais".

E, mais forte num instante, já nem tardo ou hesitante,
"Senhor", eu disse, "ou senhora, decerto me desculpais;
Mas eu ia adormecendo, quando viestes batendo,
Tão levemente batendo, batendo por meus umbrais,
Que mal ouvi..." E abri largos, franqueando-os, meus umbrais.
Noite, noite e nada mais.

A treva enorme fitando, fiquei perdido receando,
Dúbio e tais sonhos sonhando que os ninguém sonhou iguais.
Mas a noite era infinita, a paz profunda e maldita,
E a única palavra dita foi um nome cheio de ais —
Eu o disse, o nome dela, e o eco disse aos meus ais.
Isso só e nada mais.

Para dentro então volvendo, toda a alma em mim ardendo,
Não tardou que ouvisse novo som batendo mais e mais.
"Por certo", disse eu, "aquela bulha é na minha janela.
Vamos ver o que está nela, e o que são estes sinais."
Meu coração se distraía pesquisando estes sinais.
"É o vento, e nada mais."

Abri então a vidraça, e eis que, com muita negaça,
Entrou grave e nobre um corvo dos bons tempos ancestrais.
Não fez nenhum cumprimento, não parou nem um momento,
Mas com ar solene e lento pousou sobre os meus umbrais,
Num alvo busto de Atena que há por sobre meus umbrais,
Foi, pousou, e nada mais.

E esta ave estranha e escura fez sorrir minha amargura
Com o solene decoro de seus ares rituais.
"Tens o aspecto tosquiado", disse eu, "mas de nobre e ousado,
Ó velho corvo emigrado lá das trevas infernais!
Dize-me qual o teu nome lá nas trevas infernais."
Disse o corvo, "Nunca mais".

Pasmei de ouvir este raro pássaro falar tão claro,
Inda que pouco sentido tivessem palavras tais.
Mas deve ser concedido que ninguém terá havido
Que uma ave tenha tido pousada nos seus umbrais,
Ave ou bicho sobre o busto que há por sobre seus umbrais,
Com o nome "Nunca mais".

Mas o corvo, sobre o busto, nada mais dissera, augusto,
Que essa frase, qual se nela a alma lhe ficasse em ais.
Nem mais voz nem movimento fez, e eu, em meu pensamento
Perdido, murmurei lento, "Amigos, sonhos — mortais
Todos — todos já se foram. Amanhã também te vais".
Disse o corvo, "Nunca mais".

A alma súbito movida por frase tão bem cabida,
"Por certo", disse eu, "são estas vozes usuais,
Aprendeu-as de algum dono, que a desgraça e o abandono
Seguiram até que o entono da alma se quebrou em ais,
E o bordão de desesp'rança de seu canto cheio de ais
Era este "Nunca mais".

Mas, fazendo inda a ave escura sorrir a minha amargura,
Sentei-me defronte dela, do alvo busto e meus umbrais;
E, enterrado na cadeira, pensei de muita maneira
Que qu'ria esta ave agoureira dos maus tempos ancestrais,
Esta ave negra e agoureira dos maus tempos ancestrais,
Com aquele "Nunca mais".

Comigo isto discorrendo, mas nem sílaba dizendo
À ave que na minha alma cravava os olhos fatais,
Isto e mais ia cismando, a cabeça reclinando
No veludo onde a luz punha vagas sombras desiguais,
Naquele veludo onde ela, entre as sombras desiguais,
Reclinar-se-á nunca mais!

Fez-se então o ar mais denso, como cheio dum incenso
Que anjos dessem, cujos leves passos soam musicais.
"Maldito!", a mim disse, "deu-te Deus, por anjos concedeu-te
O esquecimento; valeu-te. Toma-o, esquece, com teus ais,
O nome da que não esqueces, e que faz esses teus ais!"
Disse o corvo, "Nunca mais".

"Profeta", disse eu, "profeta — ou demônio ou ave preta!
Fosse diabo ou tempestade quem te trouxe a meus umbrais,
A este luto e este degredo, a esta noite e este segredo,
A esta casa de ânsia e medo, dize a esta alma a quem atrais
Se há um bálsamo longínquo para esta alma a quem atrais!
Disse o corvo, "Nunca mais".

"Profeta", disse eu, "profeta — ou demônio ou ave preta!
Pelo Deus ante quem ambos somos fracos e mortais.
Dize a esta alma entristecida se no Éden de outra vida
Verá essa hoje perdida entre hostes celestiais,
Essa cujo nome sabem as hostes celestiais!"
Disse o corvo, "Nunca mais".

"Que esse grito nos aparte, ave ou diabo!", eu disse. "Parte!
Torna à noite e à tempestade! Torna às trevas infernais!
Não deixes pena que ateste a mentira que disseste!
Minha solidão me reste! Tira-te de meus umbrais!
Tira o vulto de meu peito e a sombra de meus umbrais!"
Disse o corvo, "Nunca mais".

E o corvo, na noite infinda, está ainda, está ainda
No alvo busto de Atena que há por sobre os meus umbrais.
Seu olhar tem a medonha cor de um demônio que sonha,
E a luz lança-lhe a tristonha sombra no chão há mais e mais,
E a minh'alma dessa sombra que no chão há mais e mais,
Libertar-se-á... nunca mais!

Galeria de ILUSTRAÇÕES
e seus gravadores

H. CLAUDIUS, G.J. BUECHNER	"Nevermore."
H. CLAUDIUS	ANATKH.
R.A. MULLER	"Once upon a midnight dreary, while I pondered, weak and weary, Over many a quaint and curious volume of forgotten lore."
R.G. TIETZE	"Ah, distinctly I remember, it was in the bleak December, / And each separate dying ember wrought its ghost upon the floor."
H. CLAUDIUS	"Eagerly I wished the morrow; vainly I had sought to borrow / From my books surcease of sorrow—sorrow for the lost Lenore."
W. ZIMMERMANN	"Sorrow for the lost Lenore."
FREDERICK JUENGLING	"For the rare and radiant maiden whom the angels name Lenore— / Nameless here for evermore."
W. ZIMMERMANN	"'T is some visitor entreating entrance at my chamber door— / Some late visitor entreating entrance at my chamber door.'"
H. CLAUDIUS	—"Here I opened wide the door;— Darkness there, and nothing more."
F.S. KING	"Doubting, dreaming dreams no mortal ever dared to dream before."
FREDERICK JUENGLING	"'Surely,' said I, 'surely that is something at my window lattice; / Let me see, then, what thereat is, and this mystery explore.'"
T. JOHNSON	"Open here I flung the shutter."
R. STAUDENBAUR	—"A stately Raven of the saintly days of yore. Not the least obeisance made he; not a minute stopped or stayed he."

R.G. TIETZE	"Perched upon a bust of Pallas just above my chamber door— / Perched, and sat, and nothing more."
FREDERICK JUENGLING	"Wandering from the Nightly shore."
FRANK FRENCH	"Till I scarcely more than muttered, 'Other friends have flown before— / On the morrow he will leave me, as my hopes have flown before.'"
R. SCHELLING	"Then, upon the velvet sinking, I betook myself to linking / Fancy unto fancy."
GEORGE KRUELL	"But whose velvet violet lining with the lamplight gloating o'er / She shall press, ah, nevermore!"
VICTOR BERNSTROM	"'Wretch,' I cried, 'thy God hath lent thee—by these angels he hath sent thee / Respite—respite and nepenthe from thy memories of Lenore!'"
R. STAUDENBAUR	"On this home by Horror haunted."
W. ZIMMERMANN	"'Tell me truly, I implore— / Is there—is there balm in Gilead?—tell me—tell me, I implore!'"
F.S. KING	"'Tell this soul with sorrow laden if, within the distant Aidenn, / It shall clasp a sainted maiden whom the angels name Lenore.'"
W. ZIMMERMANN	"'Be that word our sign of parting, bird or fiend!' I shrieked, upstarting."
ROBERT HOSKIN	"'Get thee back into the tempest and the Night's Plutonian shore!'"
R.G. TIETZE	"And my soul from out that shadow that lies floating on the floor / Shall be lifted—nevermore!"
R. STAUDENBAUR	The secret of the Sphinx

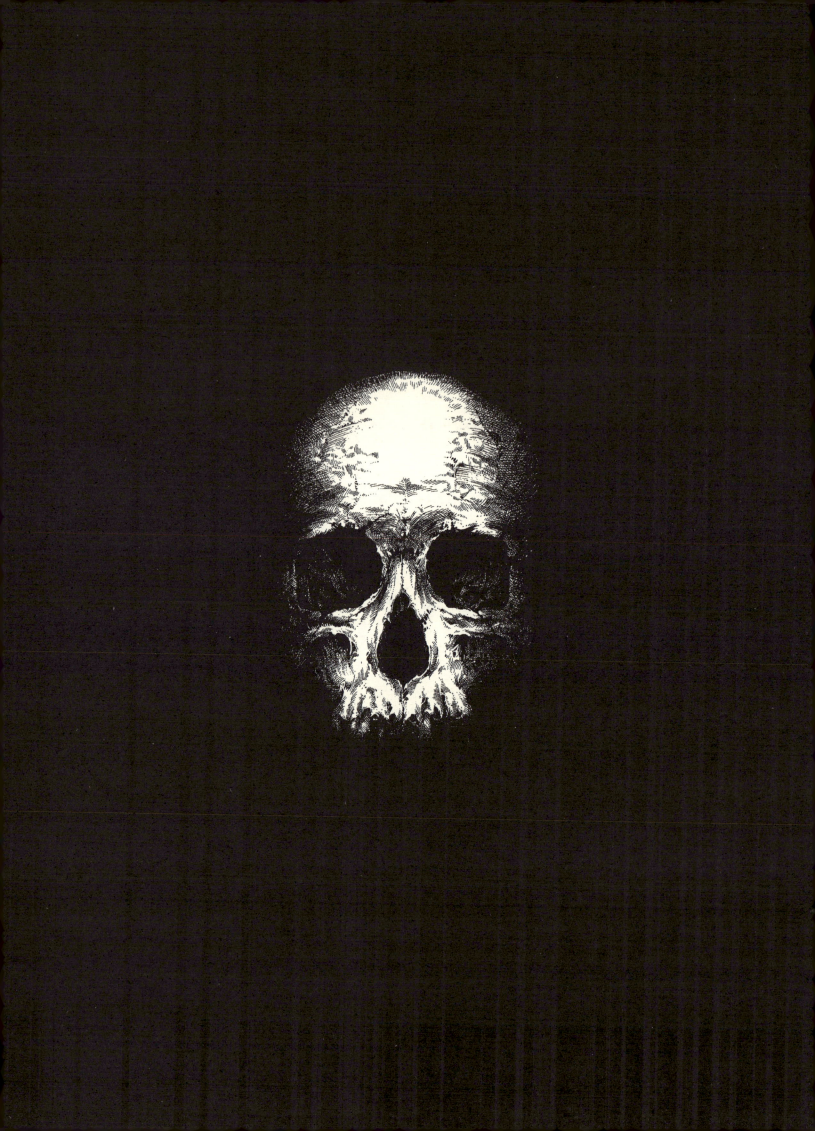

UM ANO NA VIDA DE

Edgar A Poe

1844

Janeiro • Apresenta sua palestra "Poets and Poetry of America" no Museu da Filadélfia e no Odd Fellows' Hall.

Fevereiro • Tenta, sem sucesso, conseguir um convite para palestrar em Boston.

Março • Publica "*A Tale of the Ragged Mountains*" no *Godey's Lady's Book* e "*The Spectacles*" no *Dollar Newspaper*.

Abril • Deixa a Filadélfia e parte com Virginia para Nova York. Vende a "farsa do balão" para o *The Sun*, que a publica com grande destaque. As críticas de outros jornais acabam levando o *The Sun* a publicar uma retratação sobre a farsa.

Maio • Maria Clemm chega a Nova York. A série *Doings of Gotham* começa a ser publicada no *Columbia Spy*. A *Graham's Magazine* publica o poema "Dream-Land".

Junho • A família se muda para a residência de Patrick e Mary Brennan. Poe retoma a composição de "O Corvo", iniciada quando ele morava na Filadélfia.

Julho • "O Enterro Prematuro" é publicado no *The Dollar Newspaper*.

Agosto • "Revelação Mesmérica" é publicado no *The Columbian Magazine*.

Setembro • "A Caixa Oblonga" é publicado no *Godey's Lady's Book*.

Outubro • "O Anjo do Bizarro" é publicado na *The Columbian Magazine*. Poe é contratado como editor assistente do *The Evening Mirror*.

Novembro • "*Thou Art the Man*" é publicado no *Godey's Lady's Book*.

1845

Janeiro • Vende "O Corvo" para o *American Review*.

Cartas de
EDGAR ALLAN POE

O ano de 1845 foi um marco na vida de Edgar Allan Poe. O sucesso alcançado com o "O Corvo" trouxe oportunidades de prosperidade em todas as searas de sua vida. Pela primeira vez, Poe foi editor, sócio e dono de um jornal, o nova-iorquino *Broadway Journal*. Os convites para saraus literários se multiplicaram, bem como o interesse em suas palestras sobre literatura norte-americana. A popularidade reacendeu a curiosidade dos leitores em sua obra já publicada, tanto de poesia quanto de prosa. De *poète maudit* e autor controverso, foi alçado ao status de celebridade no mundo das letras. Mudou-se com a família para uma casa de três andares na rua Amity, para ficar perto do núcleo editorial e frequentar com mais assiduidade reuniões e eventos sociais. A pretensa ave de mau agouro parecia ter lhe alçado ao ápice da boa fortuna.

No entanto, o pássaro não foi páreo para um inimigo mais funesto: o próprio Poe. Face às investidas deste diabólico antagonista, nosso poeta sucumbiu à autodestruição e arruinou sua sorte. "Não há na natureza ardor de maior demoníaco ímpeto do que o daquele que, estremecendo diante de um precipício, considera o salto. [...] Sem mão amiga que nos impeça, mergulhamos no abismo e somos destruídos", pondera o narrador de "O Demônio da Perversidade", neste que talvez seja um dos trechos mais desgraçadamente biográficos de Poe. Motivado por uma obsessão febril, passou a usar o *Broadway Journal* para atacar poetas, autores e outros literatos que considerava indignos da adoração dispensada pela crítica e pelo público. A campanha, sobretudo contra o poeta Henry Wadsworth Longfellow, resultou em consequências desastrosas para a reputação tanto do jornal quanto de seu editor. Envolveu-se em um imbróglio platônico com a poeta Frances Sargent Osgood, rompeu com amigos, espicaçou inimigos e viu morrer, uma a uma, todas as suas esperanças de estabilidade profissional e financeira. Em menos de um ano, após a glória obtida com "O Corvo", nosso poeta faliu o *Broadway Journal*, perdeu a casa de três andares, contraiu inúmeras dívidas e foi obrigado a se mudar com a família para um gélido chalé, longe da cidade.

Nas cartas a seguir, acompanhamos Poe antes do voo e após a queda. Mas, a despeito de todas as suas dificuldades, o encontramos pela última vez pleno de otimismo, contemplando um novo céu de incandescente ventura.

para FREDERICK W. THOMAS

} *Nesta carta ao seu amigo Thomas, Poe comenta que está há meses em isolamento, mas produzindo com fervor. A carta foi escrita poucos meses antes da publicação do poema "O Corvo", em janeiro de 1845. Poe manifesta preocupação com a saúde de sua esposa Virginia e relembra um episódio com o filho do presidente dos Estados Unidos, que, em 1843, havia lhe oferecido um cargo na alfândega da Filadélfia. Ainda que o passado parecesse perdido, e o futuro, incerto, nosso poeta manteve vivo seu impulso criativo e, dessa imersão, concebeu a obra que haveria de consagrar sua imortalidade.*

Meu caro Thomas,

Nova York, 8 de setembro de 1844

Recebi sua carta com prazer sincero e com igualmente sincera surpresa; pois, enquanto você se questionava o motivo pelo qual eu ainda não lhe escrevera, eu por cá estava quase convicto de que *você* me esquecera por completo.

Saí da Filadélfia e estou morando, no momento, a cerca de oito quilômetros de Nova York.[1] Há uns sete ou oito meses que vivo como um autêntico eremita, sem ver uma alma viva sequer, além da minha família — que passa bem e manda lembranças. Quando digo "bem", quero dizer (em relação a Virginia) "na mesma". A saúde dela continua preocupante em excesso.[2]

Em relação ao *Beechen Tree*,[3] lembro-me bem dele, e com prazer. Ainda não o vi publicado, mas hei de adquirir uma cópia e apreciá-lo como merece — e merece muitíssimo — quando tiver oportunidade. No momento, estou tão isolado do mundo que não creio que possa fazer seja lá o que for *imediatamente*.

---

1 A fazenda dos Brennan. Enquanto local de composição de "O Corvo", a casa ganhou ares míticos e, na ocasião do estrondoso sucesso do poema, surgiram diversas anedotas sobre o processo criativo de Poe — em uma delas, Martha, a filha mais velha dos Brennan, afirma ter colocado o manuscrito original do poema em ordem e lido seu título.
2 Em 1842, Virginia sofreu uma hemorragia pulmonar. Foram os primeiros indícios da tuberculose, que se agravou nos anos subsequentes e haveria de matá-la em 30 de janeiro de 1847.
3 *The Beechen Tree, A Tale: Told in Rhyme*, livro de Frederick William Thomas (1806-1866) publicado em 1844.

Graças a Deus! Richard (que você conhece) caiu em si. Conte a Dow,[4] mas não creio que ele vá acreditar. Estou trabalhando em uma variedade de coisas (vou te mostrar assim que tiver terminado) e com um ardor que não me julgava mais capaz.

Você comentou comigo de passagem, quando nos encontramos no cais, ainda na Filadélfia, que achava que Robert Tyler tinha de fato intenção em me arranjar o cargo na alfândega.[5] Sou da mesma opinião; respaldada pela confirmação de que ele nem sempre pôde fazer o que queria nesse sentido, vendo no comando do *Aurora*[6] um vilão mal-intencionado e malicioso, que fomentou mais ódio ao governo do que qualquer sujeito (de semelhante pequenez) e que demonstra mais engajamento ferrenho na difamação, explícita e velada, de Robert Tyler do que qualquer outro indivíduo, pequeno ou grande, nos Estados Unidos.

Escreva-me muito em breve, querido Thomas, e creia-me sempre,

Seu amigo,
Poe

---

[4] Jesse Erskine Dow (1809-1850), jornalista, editor e autor. Admirava Poe e demonstrou, em distintas ocasiões, cuidado e estima pelo poeta.

[5] Robert Tyler era um amigo em comum de Poe e Thomas. Advogado e autor, Robert era o filho mais velho de John Tyler, décimo presidente dos Estados Unidos (no cargo de 1841 a 1845). Robert de fato tentou arrumar um emprego para Poe em 1843, mas, ao chegar em Washington, Poe acabou vítima do efeito devastador do álcool e, fora de si, não teve condições de se apresentar. Quem o ciceroneou nessa viagem foi Jesse Dow. Preocupado com o poeta, Dow escreveu na ocasião a um amigo em comum, o editor Thomas Clarke: "Ele está se expondo perante pessoas que podem prejudicá-lo com o presidente, e impedir que possamos lograr nosso intento em ajudá-lo. [...] Ele não entende os políticos nem sabe como lidar com eles. [...] O sr. Poe foi agraciado com o mais excelso intelecto e não vou suportar vê-lo ridicularizado por criaturas insensíveis [...]".

[6] *New York Aurora*, uma publicação da época.

para FREDERICK W. THOMAS

} *Nesta carta para o amigo e confidente Thomas, Poe comenta sua frustração perante a dificuldade de levantar fundos para estabelecer sua própria revista literária e prospecta uma mudança de volta ao coração de Nova York. Ainda morando na casa da família Brennan e isolada da área mais urbana, Poe antecipa melhores dias — quiçá motivado pela escrita final de "O Corvo". O poema seria publicado naquele mês, exatamente três semanas e quatro dias depois.*

Caro Thomas,

Nova York, 4 de janeiro de 1845

Suas duas missivas e o *The Beechen Tree*[1] foram devidamente recebidos, e permita-me agradecer-lhe por eles. O motivo de não ter respondido de pronto é que estava tentando fazer alguns arranjos que, caso tivessem sido frutíferos, teriam me permitido fazer-lhe jus de forma satisfatória para nós dois — mas minhas tentativas por fim fracassaram após ter sido deixado em suspense por meses a fio — e não tive oportunidade de encontrar nada que estivesse à sua altura. Você sabe que não moro na cidade (raramente a visito) e que, é claro, não gozo mais da mesma influência de antes. Quanto à crítica de Benjamin, andei mesmo a sondar, mas não encontrei uma alma sequer que tivesse ouvido falar dela. Não encontrei nenhuma edição nos arquivos no escritório do *New World*. Sinto-me inclinado a crer que você recebeu uma informação incorreta e que a crítica não foi publicada, ao menos não nesse jornal. Seja como for, se de fato existiu, estou convicto de que não é da autoria de Benjamin. Na época em que você se refere, ele não tinha mais nenhum vínculo com o *New World*.

Daqui a três semanas, vou me mudar novamente para a cidade e quero recomeçar uma vida de atividades sob melhores auspícios, espero eu, do que jamais tive oportunidade na vida. Então talvez consiga fazer algo.

---

1   O livro de poemas de Thomas, *The Beechen Tree*, recebeu em geral críticas favoráveis, exceto pelas de Thomas Dunn English e Park Benjamin. Benjamin, no entanto, deixou a editoria do jornal *New World* em março de 1844, meses antes da publicação de um dos poemas de Thomas no periódico.

Virginia e a sra. Clemm estão bem e mandam lembranças.

Folgo em saber que Dow passa bem. Se há alguém que merece prosperidade, é ele. Estendo a ele meus cumprimentos com muito respeito — palavra que reúne todos os meus votos de cordialidade.

Permaneço, Thomas, de coração,

Seu amigo,
Poe

para ABIJAH METCALF IDE, JR.

} *O jovem Abijah — na época, com apenas 20 anos — já tivera poemas publicados no* Broadway Journal *em 1845. Alguns deles foram equivocadamente atribuídos ao próprio Poe. Nesta carta, escrita apenas quatro dias antes da publicação de "O Corvo", Poe comenta um novo poema que Abijah o enviara. Ressaltando onde jaz a força do poeta, mas não se abstendo de apontar suas falhas, Poe oferta seus conselhos de modo preciso, enfático e gentil. A carta também nos oferece um vislumbre da opinião crítica de Poe sobre mérito artístico e valor comercial.*

Meu caro,

25 de janeiro de 1845

Recebi há poucos dias, nesta cidade, sua carta do dia 12. Não moro mais aqui.

Li o poema com farto interesse e o considero de longe o melhor que já vi egresso de sua pena. De modo geral, penso se tratar de um excelente poema. Alguns versos, em todos os sentidos, são admiráveis. Por exemplo:

> *Midnight in the silent city, midnight on the throbbing sea —*
> *And the soft and silvery star-light fills the overhanging sky —*
> *From the land beyond the ocean, on the rolling billows borne,*
> *Comes the sunlight of the morning to the weary and the worn —*
> *With the tribute and the treasure of the islands and the seas.*

São belos versos, a despeito do conteúdo. Mas outros são defeituosos; como:

With *foul shame to* the *weak-hearted, and the vanity of fear.*

Seu ritmo é trocaico — ou seja, composto por pés de duas sílabas, em que a primeira é longa, e a segunda, curta. *With* e *the*, portanto, são sílabas longas em ritmo, mas naturalmente curtas demais. Essa contradição jamais deveria existir em um poema. Ela está presente no verso que começa com — "With the tribute *and* the", mas não de modo tão notável. Fico feliz em ver que você alterou "Oe'r the wild loud" para "Over the loud", pois embora *the* fique longo, você evita a contração de *over*. No geral, você tem uma concepção muito vívida de ritmo — e não faz ideia do *quanto* tenho isso em alta conta.

Posso estar enganado, mas não creio que vá conseguir *vender* o poema em lugar algum. Seus méritos são muitíssimo maiores do que o de muitos poemas que são comprados por altos valores; mas o que se paga é o nome do poeta. Você ainda é jovem, tanto na escrita quanto em anos. Com o passar do tempo, terá a oportunidade de alcançar o que deseja.

Se há *alguém* que poderá pagar pelo poema, é Graham.[1]

Eu o aconselharia, no entanto, a revisá-lo com bastante cuidado. "To old Bunker" é de muito mau gosto. "E'en to build up," é fraco — a contração é ruim. O que quis dizer com "like the river of a well"? E com "the deepest scene of carnage"? Você não intenciona que a cena seja profunda, mas sim a carnificina. *Profundo*, na melhor das hipóteses, não é o epíteto correto. Penso que toda a última estrofe deveria ser omitida, embora o terceiro verso seja excelente.

Sinceramente, do seu amigo,

Edgar A. Poe

P. S. Muito em breve, hei de lançar uma publicação na cidade — "The Stylus".
N. B. "To their strong heart's muffled beating" será de imediato condenado como plágio, oriundo do verso de Longfellow: "Our hearts like muffled drums are beating".

---

1 George Rex Graham, fundador da *Graham's Magazine*. Poe contribuiu profusamente para a publicação, com resenhas, críticas, poemas e contos.

para
JOHN AUGUSTUS SHEA

} *Nesta carta, que foi entregue por um portador e não pelo correio, um azafamado Poe busca se certificar de que suas alterações em "O Corvo" sejam incorporadas a tempo da republicação do poema, agora no New-York Daily Tribune, em 4 de fevereiro de 1845. Shea, jornalista, editor e poeta irlandês, na época trabalhava no referido jornal. No envelope, Poe escreveu o nome do destinatário e acrescentou a observação: "A ser entregue assim que ele entrar no jornal".*

Meu caro Shea,

Nova York, 3 de fevereiro de 1845

Por receio de ter cometido algum erro devido à pressa, transcrevo aqui a alteração na íntegra.

No lugar da estrofe que começa com *"Wondering at the stillness broken"* etc, substitua para:

> *Startled at the stillness broken by reply so aptly spoken,*
> *"Doubtless", said I, "what it utters is its only stock and store*
> *Caught from some unhappy master whom unmerciful Disaster*
> *Followed fast and followed faster till his songs one burden bore —*
> *Till the dirges of his Hope the melancholy burden bore,*
> *'Nevermore — ah, nevermore!*

No desfecho da estrofe anterior a essa, em vez de "Quoth the raven Nevermore", substituir por *"Then the bird said 'Nevermore'"*.

Cordialmente,
Poe

para FREDERICK W. THOMAS

} *Poucos meses após a bem-sucedida publicação de "O Corvo", Poe desfruta merecido prestígio e, motivado pelo sucesso do poema, intensifica sua produção literária e jornalística. Nesta emblemática carta, ele sugere que a criação de "O Corvo" foi motivada mais pela necessidade de dinheiro do que por um impulso de inspiração poética. No entanto, como confidencia ao seu amigo Thomas, o poeta continua com dificuldades financeiras. Pobre em tudo, "a não ser em esperança", Poe permaneceu empenhado e produtivo até o fim de seus dias.*

Meu caro Thomas,

Nova York, 4 de maio de 1845

Na esperança de que você não tenha ainda desistido de mim, se mudado para o Texas ou alhures, sento-me para lhe escrever algumas linhas. Estou com essa intenção desde que recebi sua antepenúltima carta — mas não consegui, de jeito nenhum, encontrar ou criar oportunidade para tal. O fato é que, tendo sido tomado recentemente por um espasmo de atividade, coloquei tantos projetos em andamento que tenho tido certa dificuldade para encaixar uma pausa. Nos últimos três ou quatro meses, tenho trabalhado quatorze, quinze horas por dia — e com afinco —, de modo que, sempre que tinha a pena em mãos, percebia estar negligenciando algo que *precisava* de atenção. Nunca estive tão cativo de minhas atividades.

Não obstante, Thomas, continuo sem dinheiro. Estou tão pobre quanto antes, como sempre fui na vida — a não ser em esperança, que, infelizmente, não pode ser usada para pagar contas. Investi na compra do *Broadway Journal*, e as despesas, é claro, saíram do meu bolso. Creio, porém, que gerará lucros — pelo menos, as perspectivas são boas.[1] Diga a Dow que não tive nenhuma oportunidade de pagar-lhe

---

[1] O *Broadway Journal* foi fundado por Charles Frederick Briggs e John Bisco. Em 1845, Poe foi editor e, posteriormente, dono do jornal, com direito a um terço dos lucros. Em sua única experiência de controle editorial absoluto, Poe produziu e publicou poemas, contos e críticas. No entanto, também cometeu imprudências (como seu flerte público via poesia com a também poeta Frances Sargent Osgood) e tomou decisões pouco diplomáticas (como a guerra contra o poeta Longfellow, acusado por Poe de plágio). A sobrecarga do trabalho e as polêmicas acabaram por falir o jornal em apenas três meses.

o que devo sem agravar ainda mais minha miséria, coisa que ele não gostaria que acontecesse, se tivesse ciência da minha situação. Também não tenho como pagá-lo agora. Nem o próprio Diabo jamais esteve tão miserável. Diga também a Dow que lamento que tenha dado para cobrar dinheiro agora, depois de velho — é uma prática diabólica, em nada digna de "um cavalheiro acadêmico" —, sendo editor do *Madisonian*, ainda por cima. Será que ele gostaria que eu lhe escrevesse uma série de cartas — digamos, uma por semana — apresentando mexericos literários de Nova York, ou algo mais geral? Eu poderia lhe oferecer essa série por qualquer valor que pudesse me pagar. Se ele concordar com esse arranjo, peça que me diga o tamanho e o tema das cartas, sua frequência, e quanto ele pode me pagar por elas. Mande-lhe as minhas mais gentis lembranças e diga que cobrar dinheiro é seu único pecado — creio, inclusive, que seja esse o pecado imperdoável contra o Espírito Santo mencionado na Bíblia. Vou mandar-lhe regularmente o *Broadway Journal* e espero que me honre com uma troca.

Meu caro Thomas, espero que jamais pense, devido à minha aparente negligência, que esqueci nossa velha amizade. Não há no mundo outra pessoa que desejasse ver agora, além de você; conversamos sempre longamente sobre você e sua família. Virginia e a sra. Clemm mandam calorosas lembranças. Escreva-me assim que receber esta carta e conte-me com detalhes o que tem feito.

Mando-lhe um dos primeiros exemplares do *Broadway Journal*, com a publicação do meu "O Corvo". Foi publicado por Briggs, meu sócio, antes da minha entrada no jornal. O poema circulou bastante, Thomas, mas eu o escrevi especificamente com este propósito de ampla circulação — assim como fiz com o "Escaravelho de Ouro". Mas a ave, sem dúvida, voou mais alto do que o inseto.

Não esqueça de me escrever o quanto antes e creia-me

Seu amigo mais sincero,
Poe

para EVERT AUGUSTUS DUYCKINCK

} *Duyckinck, prestigiado editor da Wiley & Putnam, foi responsável pela publicação de uma antologia de contos de Poe, em 1845. Poe veio a lamentar a seleção, queixando-se que a predileção de Duyckinck por seus contos de raciocínio acabara por apresentá-lo como um autor menos versátil do que ele realmente era. Nesta carta, insatisfeito com a dificuldade em se tornar sócio do* Broadway Journal, *ele cogita ausentar-se de cidade e pede adiantamento por um compêndio sobre autores norte-americanos que promete escrever. O projeto, no entanto, não foi realizado.*

Meu caro sr. Duyckinck,

26 de junho de 1845 Manhã de quinta-feira

Continuo mal e receio que vá ser acometido por alguma doença grave. Algumas aflições domésticas acabaram por me privar da pouca energia que dispunha — desisti do *Broadway Journal*[1] e penso em me recolher no campo por seis meses, quiçá um ano, como única saída para recobrar minha saúde e meu vigor.

Não seria possível que o senhor ou o sr. Matthews pudessem me agraciar com alguma módica quantia que garantisse minha participação no jornal? Ou, caso isso seja inviável, poderia ousar a lhe solicitar um adiantamento de 50 dólares pelo "American Parnassus" — que terminarei assim que possível? Se puder me conceder este favor, ser-lhe-ei para sempre profundamente grato. Poderia, por gentileza, responder pelo portador?

Cordialmente,
Edgar A. Poe

---

1 Poe e seu colega editor Charles F. Briggs lutaram para obter controle total do *Broadway Journal*. Em junho de 1845, Briggs tentou comprar a parte de John Bisco — o que levou Poe a quase perder as esperanças. No entanto, em 24 de outubro, Poe finalmente alcança o que deseja e, comprando a parte de Bisco, se torna o único dono da publicação.

para VIRGINIA CLEMM

> *Nesta combalida missiva, Poe compartilha com a esposa sua tristeza e seu cansaço, na esteira do monumental fracasso como editor e dono do* Broadway Journal.[1] *Buscando arregimentar suas forças rumo a uma nova entrevista de emprego, ele reforça sua devoção a Virginia e nos deixa um paradoxal testemunho de exaustão e de esperança.*

12 de junho de 1846

Meu bem querido, minha cara Virginia! Nossa mãe vai explicar por que precisei ficar longe de ti esta noite. Creio que a entrevista que me prometeram há de resultar em imenso benefício para mim, para você, minha querida, e para ela — mantenha o coração repleto de esperança e não perca a fé. Em meu mais recente e brutal fracasso, teria perdido a coragem, não fosse por você, minha amada esposa. Você é meu maior e único estímulo para lutar contra esta vida inóspita, insatisfatória e ingrata — estarei com vocês amanhã à noite e saiba que, até revê-la, levarei no peito a recordação adorada de suas últimas palavras e sua fervorosa prece!

Durma bem, e que Deus possa lhe conceder um verão de paz ao lado do seu devoto,

Edgar

---

1   Poe começou no *Broadway Journal* como colaborador em dezembro de 1844. Em fevereiro de 1845, passou a compor o corpo editorial. Promovido, teve John Bisco como sócio por um breve período, até fazer-lhe uma oferta para se tornar o único dono do jornal. Bisco vendeu sua parte para Poe por 50 dólares em outubro. Em apenas três meses, tendo Poe como único dono e editor, o jornal faliu, fechando as portas em dezembro de 1845. Em 3 de janeiro do ano seguinte, Poe assinou seu último editorial, dando adeus para sempre ao sonho de ter sua própria publicação.

para PHILIP P. COOKE

} *Um ano após a publicação de "O Corvo", Poe busca na lembrança de seu êxito pregresso o impulso necessário para dar rumo aos seus planos de futuro. Nesta carta ao autor e poeta Philip Pendleton Cooke, ele reflete sobre a variedade de seus contos, mas defende a harmonia de sua obra. O tom entusiasmado mascara uma realidade muito distinta: sucesso na Europa, Poe continua na miséria em Nova York, atormentado pela dificuldade perene de ganhar dinheiro e pelo agravamento da doença de sua esposa, que haveria de morrer em menos de seis meses após esta carta.*

Meu caro senhor,

Nova York, 9 de agosto de 1846

Nada de se desculpar pela lentidão em responder cartas — conheço bem a insuperável procrastinação que assola os poetas. Vou colocar a culpa nos perus que andou caçando.[1] Se eu fosse tomado por uma ânsia febril de deambular por aí — um dos meus desejos de vagabundear sem rumo pela floresta por uma semana ou um mês — não alteraria meu estado de espírito, mesmo que quisesse, nem para responder uma carta do Grande Mogol, informando-me que fora escolhido para herdar todas as suas posses.

Muito obrigado pelos elogios. Estivesse eu em humor mais circunspecto, dir-lhe-ia com franqueza como suas palavras de apreciação tocaram fundo em minha alma — não pelos elogios em si (pois outros me elogiaram até mais fartamente), mas porque sinto que tem compreensão e discernimento. O senhor está certo em relação à minúcia do meu amigo francês, mas é proposital.[2] Esses contos de raciocínio devem boa parte de sua popularidade ao ineditismo de seu tom. Não quero

---

1 Em carta a Poe, Cooke comenta que estivera caçando perus. Em cômico relato, afirma que leu "A Verdade sobre o Caso do Sr. Valdemar" em plena tocaia e o declara "sem sombra de dúvida, a obra de ficção mais desgraçada, verossímil, tenebrosa, arrepiante, aterradora e engenhosa já concebida pela mente humana e a pena de um autor". Ele ainda enfatiza que: "A história me encheu de pavor em plena luz do dia, e armado com uma espingarda. Imagino o que não faria à meia-noite em uma mansão velha e fantasmagórica". (Cooke, em carta para Poe em 4 de agosto de 1846.)

2 Em sua carta de 4 de agosto de 1846, Cooke mencionara o preciosismo de Auguste Dupin, o detetive francês criado por Poe.

dizer que não são engenhosos, mas as pessoas tendem a percebê-los como mais engenhosos do que de fato são graças ao seu método e à aparência de que possuem um método. Em "Os Assassinatos da Rua Morgue", por exemplo, qual a engenhosidade de desenredar uma teia que o próprio autor teceu com a finalidade expressa de desenredá-la? O leitor é levado a tomar a engenhosidade do fictício Dupin como a do próprio autor da história.

Por nada neste mundo teria outra pessoa dando continuidade às *Memórias* de Lowell antes de saber sua resposta. Quero muito que aceite o trabalho (por gentileza), não tenho outra pessoa em mente. Quando o livro for lançado, o senhor será famoso (ou minhas profecias não valem nada) e terei o verniz do seu nome para alavancar minhas vendas. Mas, falando sério, não creio que outra pessoa penetre tão bem nos recantos poéticos da minha mente quanto o senhor — deduzo isso pela minha intensa apreciação de determinados aspectos da sua poesia que outros parecem desconhecer.

Caso assuma o trabalho, há um assunto — uma situação que me aborrece — que não creio ser inconveniente tratar com o senhor. A última coletânea com meus contos, selecionada a partir de material com aproximadamente setenta histórias, foi organizada por um revisor da Wiley & Putnam, o Duyckinck. Ele tem, ao que parece, uma predileção por histórias de raciocínio e, sendo assim, deu preferência aos meus contos analíticos na seleção. Tais contos, no entanto, não oferecem um panorama da minha mente em suas variadas fases — o que acho uma injustiça. Ao compor esses contos, um por um, com longos intervalos, sempre tive em mente a unidade da obra — isto é, cada conto foi elaborado levando em consideração seu efeito como parte de um todo. Partindo desse princípio, um dos meus maiores objetivos foi a mais ampla diversidade de tema, reflexão e, sobretudo, o tom e a abordagem. Tivesse todos meus contos diante de mim em um volume, como se fossem de outro autor, o mérito que mais chamaria minha atenção seria a diversidade, a variedade. O senhor decerto ficará surpreso ao saber que (com exceção de uma ou duas de minhas primeiras tentativas) não considero nenhuma de minhas histórias melhor do que a outra. Há farta variedade de gêneros e, em termos de valor, tais gêneros variam — mas, dentro de seu gênero específico, cada conto é igualmente bom. O gênero superior é o de excelsa imaginação e, apenas por esse motivo, considero "Ligéia" o meu melhor conto. Aperfeiçoei-o bastante desde que o senhor o leu; mando-lhe uma cópia, junto de um exemplar do meu melhor ensaio analítico, "A Filosofia da Composição".

O senhor costuma ler os jornais britânicos? Martin F. Tupper, autor de *Proverbial Philosophy*, anda a me tecer os mais altos elogios — tenho, de fato, recebido muita consideração. Há uma "opinião britânica" que estimo em demasia, a da srta. Barrett.[3] Ela escreveu: "Que escrita vivaz — que palpável potência!

---

3   A poeta inglesa Elizabeth Barrett Browning (1806-1861).

'O Corvo' causou verdadeira comoção, uma 'febre de horror' aqui na Inglaterra. Alguns amigos foram capturados pelo medo que ele inspira, outras, pela musicalidade. Há pessoas assombradas pelo 'Nunca Mais', e um conhecido meu que tem a infelicidade de possuir um 'busto de Atena' já não consegue mais olhá-lo depois do entardecer... Seu ritmo conquistou a admiração entusiasta de nosso grande poeta, o sr. Browning, autor de *Paracelsus* etc. Há também um conto do sr. Poe sobre mesmerismo ["A Verdade sobre o Caso do Sr. Valdemar"] que não encontrei nesse volume, mas que tem circulado nos jornais, provocando admirada perplexidade e levantando terríveis dúvidas se pode ser mesmo real, como dizem as crianças sobre as histórias de fantasmas. A única certeza no conto em questão é da maestria de seu autor e de sua capacidade de fazer com que medonhas improbabilidades nos pareçam próximas e familiares". Acaso seria de mau gosto citar estas palavras da srta. B. em seu texto?

Perdoe minha imodéstia (de certo modo, exigida pelo assunto) e acredite: não deixarei passar a menor oportunidade de retribuir sua gentileza.

Não vi ainda a nova edição de Griswold (já foi lançada?), mas vou procurar "Rosalie Lee".[4] Não esqueça de me mandar alguns detalhes pessoais a seu respeito — como os que compartilho no "The N.Y. Literati".[5] Quando seu livro for lançado, gostaria de publicar uma resenha completa no *American Review* de Colton. Se tiver ocasião de escrever para ele, tenha a bondade de sugerir meu nome. Espero conseguir seu livro antes do meu ir para impressão, para que possa discorrer mais sobre ele.

Vou mandar os textos que mencionei daqui a um ou dois dias, não na remessa de hoje.

Em relação a *The Stylus*, é o grande propósito da minha vida literária. Não tenho dúvidas de que hei de realizá-lo (a não ser que morra antes), mas não posso me dar ao luxo de me precipitar. Ainda não sei quando e como vou começar a trabalhar nisso, mas, assim que chegar a hora, escreverei ao senhor. Quero criar um jornal onde os gênios possam travar suas batalhas, em igualdade de condições, com as bestas dos talentosos. Fora isso, tenho objetivos magníficos a vista — oxalá possa viver para alcançá-los!

Cordialmente,
Seu amigo
Edgar A. Poe

---

[4] Poe refere-se a uma das antologias organizadas por Rufus Griswold. O reverendo Rufus Griswold foi uma figura célebre no panorama literário em meados do século XIX. Editor de uma disputada antologia de poetas, visava consagrar-se como uma espécie de árbitro do cânone norte-americano. Poe teve alguns poemas selecionados por Griswold, mas quando instado a dar sua opinião sobre o volume, criticou duramente as escolhas do reverendo. A mágoa perene de Griswold haveria de perseguir o poeta até depois de sua morte: Griswold não só foi o autor do obituário de Poe, como escreveu sua primeira biografia, retratando Poe como um homem sem caráter, maníaco e alcoólatra.

[5] O poeta Thomas Holley Chivers (1809-1858); seu poema "Rosalie Lee" foi comparado ao "Annabel Lee" de Poe. As semelhanças entre os dois poetas é tema de especulação acadêmica.

para
GEORGE WASHINGTON EVELETH

} *Carta de Poe a George W. Eveleth, um fã do autor que se tornou seu amigo. Os dois nunca se conheceram pessoalmente, mas Eveleth permaneceu leal em sua amizade até a morte de Poe, tornando-se, posteriormente, um dos defensores da imagem do autor após os ataques póstumos de Griswold. Nesta carta, Poe comenta uma crítica feita a "O Corvo", confessa sua admiração por outro poema de sua autoria e revela intenções poéticas, planos literários e projetos editoriais.*

Meu caro senhor,

Nova York, 15 de dezembro de 1846

Antes de mais nada, devo-lhe algumas palavras, à guisa de pedido de desculpas, por não ter respondido às suas cartas de 9 de junho e 13 de outubro. Há mais de seis meses que estou doente — em estado periclitante por boa parte desse período, e sem condições de sequer escrever uma carta. Os textos publicados em meu nome ao longo desses meses já estavam nas mãos dos editores antes de cair doente. Desde que melhorei, estou, como você pode imaginar, às voltas com o trabalho acumulado durante minha enfermidade.

Ler suas cartas é sempre uma alegria genuína e gostaria que pudesse reservar um tempo para me escrever com mais frequência. É com grande satisfação que acolho sua opinião favorável à minha escrita, pois suas observações são testemunho de um discernimento deveras perspicaz. Se me elogiasse dez vezes mais, não me agradaria nem a metade, pois as críticas e objeções que entretece em seus elogios demonstram que sabe bem do que está falando.

Deixe-me agora comentar alguns pontos levantados em suas duas últimas cartas. Concordo com o que diz sobre a crítica equivocada "do sujeito da *Hartford Review*".[1] Para fins de poesia, basta que uma coisa seja possível — ou, pelo menos, que sua improbabilidade não seja ofensivamente flagrante. É verdade que, como você diz, existem diversas maneiras de a lâmpada ter projetado a sombra da ave

---

1 Na resenha mencionada, o crítico questiona a posição da lâmpada e sua capacidade de projetar a sombra da ave no chão.

no chão. O que eu tinha em mente era um daqueles candelabros presos com suporte na parede, acima da porta e do busto — comuns nos palácios ingleses e até mesmo em algumas casas grã-finas em Nova York. Sua objeção ao tilintar dos passos é mais perspicaz e, durante a composição do poema, ocorreu-me de maneira tão forçada que até hesitei em usar o termo. Acabei optando por usá-lo por perceber que, em sua concepção inicial, fora sugerido à minha mente pela aura sobrenatural que, naquele momento, o revestia. Pés humanos, em sua fisicalidade, não poderiam produzir semelhante som em um carpete macio — assim sendo, o tilintar dos passos transmitiria de modo vívido uma impressão sobrenatural. Foi essa a minha ideia, e não era de todo ruim — mas, se fracassa (como receio que tenha fracassado) em ser de imediato apreendida por todos, de acordo com minha intenção, significa que foi mal transmitida ou expressada. Sua apreciação por "A Adormecida" muito me alegra. No que diz respeito às qualidades sublimes da poesia, é melhor do que "O Corvo" — embora não haja uma só alma disposta a concordar com minha opinião. "O Corvo", de fato, é melhor enquanto obra de arte, mas em se tratando da base genuína da arte como um todo, "A Adormecida" é superior. Eu o escrevi quando ainda era um garoto.

Você cita, creio eu, os dois melhores versos de "O Vale da Inquietude" — sobre as árvores palpitantes. Não dei continuidade ao *Politian*.[2] Acho que não conseguirei publicar o restante dos meus contos, ensaios etc. tão cedo. Os editores me tapeiam — devo esperar até quando puder me tornar meu próprio editor. A coletânea de contos lançada pela W. & P.[3] foi organizada por um cavalheiro cujo gosto não coincide com o meu e que, dentre 72 contos escritos em momentos diversos da minha vida, não escolheu nem os superiores nem os que melhor me representam.

---

2 Única peça teatral de Poe, inacabada.
3 A editora Wiley & Putnam. A referida edição foi lançada como *The Raven and Other Poems*, em 1845, com obras selecionadas pelo editor e biógrafo Evert A. Duyckinck (1816-1878). Poe queixou-se da seleção com outros amigos, além de Evereth. Ele chegou a pedir ao próprio Duyckinck que lançasse novo volume, com outros contos, e que incluísse "Ligéia", na opinião de Poe, "sem dúvida, o melhor conto que já escrevi" (Ver carta de Poe a Duyckinck, 8 de janeiro de 1846).

A crítica sobre Rogers não é minha — embora, quando publicada, eu tenha mesmo observado uma semelhança com meu estilo habitual. A observação sobre "Brittany", de Lowell, é minha.[4] Você vai ver que não passa de uma observação preliminar — tinha intenção de discorrer demoradamente sobre o assunto —, mas algo me impediu. A crítica de Shelley também não é de minha autoria; foi escrita por Parke Godwin. Não cheguei a ver. O crítico que Willis menciona ligado ao *Mirror*, como tendo encontrado um paralelo entre Hood e Aldrich, sou eu.[5] Veja minha resposta a "Outis" nos primeiros números do *Broadway Journal*. Minha referência a L.G. Clark, em espírito, mas não por escrito, é mesmo o que você supõe. Ele me insultou em sua crítica — tão debilmente — com tamanha exibição de intento e esforço, mas de modo tão ineficaz e impotente, que eu o perdoei; tive inclusive bem pouca dificuldade em perdoá-lo. Seu grande argumento era que eu deveria escrever bem, pois declarava que os outros escreviam mal — e que eu não escrevia bem porque, embora tenham feito um grande rebuliço a meu respeito, tinha escrito pouquíssimo — apenas um livrinho de cem páginas. Ora, ele mesmo tinha escrito mais do que eu!

Você vai ver que não continuei com o "Literati" na *Godey*.[6] Fui obrigado a parar, pois descobri que as pessoas insistiam em considerar meus artigos como críticas elaboradas, ao passo que minha intenção era apenas comentar mexericos literários. A inesperada circulação da série também me levou a crer que poderia obter sucesso e algum lucro, assim como autêntica fama, transformando minha ideia em um livro sobre literatura americana em geral, mantendo a publicação em minhas próprias mãos. Ocupo-me agora disso — de corpo e alma. Pretendo ser minucioso — o máximo possível — e examinar analiticamente, sem fazer referência a opiniões pregressas de outras pessoas, todos os aspectos relevantes da literatura em geral: poesia, dramaturgia, crítica, história, versificação etc. Você vai ter uma ideia do tom com que pretendo escrever o livro lendo minha observação sobre Hawthorne na edição de janeiro da *Godey*, bem como meu ensaio sobre "A Lógica da Poesia", que sairá em março ou abril na *American Review* de Colton.[7]

Não confie, ao montar sua biblioteca, em minhas "opiniões" para a série da *Godey*. Minha intenção era que fossem "honestas", mas o resultado não saiu como pretendido. Eu mesmo não dei à série a devida consideração para salvaguardá-la da impulsividade, do equívoco e do preconceito. O livro será mais fiel, mais bem elaborado. Em relação a Dana[8], é mais do que provável que eu esteja sendo injusto com ele. Não o leio há muitos anos, desde que era garoto, e devo reler com bastante

---

4 Poe refere-se ao poema "A Legend Of Brittany", de James Russell Lowell (1819-1891).
5 Referência aos poetas James Aldrich (1810-1856) e Thomas Hood (1799-1845).
6 "The Literati of New York City" (com o subtítulo "Opiniões Honestas e Aleatórias sobre os Méritos de Alguns Autores, com Comentários Ocasionais de sua Personalidade") foi uma série de seis artigos escritos por Poe na revista *Godey's Magazine*, de L.A. Godey, em 1846.
7 George H. Colton.
8 Richard Dana (1815-1882), poeta, ensaísta, contista e crítico literário norte-americano.

atenção agora. Os Frogpondianos[9] tanto me aborreceram que receio ser suscetível a julgá-los de forma preconceituosa. De todo modo, citei algumas de suas sumidades em "A Lógica da Poesia". Assim que sair, envio uma cópia, pois estou ansioso para saber sua opinião a respeito.

Em relação à *Stylus*, é o grande objetivo da minha vida, do qual jamais desviei, nem por um momento.[10] Mas não posso correr o risco de agir precipitadamente, e posso esperar pelo menos até terminar o livro. Quando for publicado, vou começar a revista — e então lhe faço uma visita, aí na Filadélfia. Enquanto isso, quero agradecer, de coração, por poder tê-lo como assinante.

Por favor, escreva — e nada de pagar pela postagem.

Seu amigo sincero,
Edgar A. Poe

---

9   Apelido depreciativo criado por Poe para os Transcendentalistas; o nome refere-se a um lago na cidade de Boston, chamado Frog Pond. Poe alegava que sua implicância com os Transcendentalistas (poetas, autores e filósofos eruditos de Boston, que gozavam de prestígio literário e acadêmico) tinha a ver com a mania transcendentalista de embutir em suas obras um conteúdo que Poe percebia como ideológico e didático. Os pontos mais críticos da campanha de Poe contra o grupo foram a difamação pública de um de seus expoentes, o poeta Longfellow, e sua apresentação no Liceu de Boston, em 16 de outubro de 1845. Convidado a ler versos inéditos, Poe desencavou "Al Aaraaf," um poema imenso que escrevera aos 10 anos de idade, rebatizado para a ocasião de "The Messenger Star of Tycho Brahe". De volta à Nova York, Poe confessou publicamente a farsa. As duras críticas recebidas danificaram sua imagem pública.

10   *The Stylus*, anteriormente batizada de *The Penn*, seria a revista literária de Poe. Ser dono e editor de sua própria publicação foi, de fato, um dos maiores sonhos do autor. Infelizmente, a despeito de seu empenho ao longo de mais de dez anos, o sonho jamais se realizou.

para NATHANIEL PARKER WILLIS

} *Em carta a Willis, editor do* Home Journal, *Poe solicita ao amigo que republique um de seus poemas,[1] acrescido de comentários favoráveis. Poe afirma que a crítica elogiosa de Willis[2] a "O Corvo" foi um dos fatores que garantiram o sucesso do poema. A carta, escrita apenas seis meses antes da morte misteriosa de Poe, nos oferta sutis pistas sobre seu estado emocional e atesta a profundidade de sua queda, do glorioso e efêmero ápice em 1845 à sinistra nebulosidade que obnubilava seu horizonte às portas de uma morte precoce e, até hoje, incompreensível.*

Meu caro Willis,

Fordham, 20 de abril de 1849

O poema que envio, do qual me orgulho a ponto de esperar que vá agradá-lo, foi publicado recentemente em um jornal para o qual sou compelido, por necessidade, a escrever de tempos em tempos. Paga bem, em tempos como os nossos — mas sem dúvida deveria pagar dez vezes mais, pois tudo que envio tenho a sensação de estar confiando ao sepulcro dos Capuleto.

Sobre os versos que acompanham esta carta, posso suplicar que os tire do túmulo e os traga à luz no *Home Journal*? Se puder me fazer o favor de copiá-los, não creio que será necessário dizer "Do ———", isso não seria nada bom; — talvez, "Do jornal ———" possa ser melhor.

Não esqueci o que sua "boa palavra na hora certa" fez por "O Corvo" e "Ulalume" (que, a propósito, as pessoas muito me honraram ao atribui-lo a você) — portanto, gostaria de pedir (em ousadia) para fazer algum comentário sobre esses versos — se eles lhe agradarem.

Seu, cordialmente,
Edgar A. Poe

1   O poema em questão era "For Annie", publicado anteriormente no *The Flag of Our Union* (o jornal para o qual Poe confessa "escrever por necessidade"). Willis, atendendo ao pedido de Poe nesta carta, republica "For Annie" em seu *Home Journal* — com os devidos comentários elogiosos.

2   Em sua apresentação ao poema no *Evening Mirror*, Willis escreveu: "Fomos autorizados a reproduzir (antes da publicação) do segundo número da *American Review*, o seguinte poema notável de EDGAR POE. Em nossa opinião, é o exemplo mais eficaz de "poesia fugitiva" já publicado neste país; sem paralelo na poesia de língua inglesa quanto à concepção sutil, a engenhosidade magistral da versificação e a sustentação consistente do ímpeto imaginativo e da "diabrura". É uma dessas "iguarias literárias" das quais nos alimentamos. Há de permanecer na memória de todos que o lerem".

GALERIA DE ILUSTRES TRADUTORES
de "O Corvo" no Brasil

Graças à sua popularidade, disseminação e ressonância, "O Corvo" é um dos poemas mais traduzidos do mundo.[1]

Embora Machado de Assis e Fernando Pessoa sejam seus tradutores mais célebres em língua portuguesa, há uma sólida e consistente tradição tradutória de "O Corvo", tanto no Brasil quanto em Portugal. As primeiras traduções brasileiras datam do período oitocentista, compondo assim um monumento que já ostenta três séculos de arquitetura poética. Entre experimentos, releituras, homenagens e capitulações, as traduções de "O Corvo" atestam a necessidade vital de fulgor, frescor e dinamismo na arte, provando que uma boa obra não deve permanecer sepultada no jazigo de uma única tradução.

Em reconhecimento a muitos dos tradutores brasileiros que contribuíram para a vitalidade de um poema por si só imortal, prestamos a nossa homenagem e, honrando seus nomes e legados, eternizamos o nosso solene agradecimento.

---

[1] Em seu mapeamento mundial dos tradutores do poema, os pesquisadores Helciclever Barros da Silva Vitoriano, André Luís Gomes e Sidelmar Alves da Silva Kunz chegaram em 2017 a 700 traduções, distribuídas em 51 línguas e mais de 60 países, em um recorte temporal de 172 anos. (Ver *Revista Intercâmbio dos Congressos Internacionais de Humanidades*, Brasília, n. 7, p. 404-431, ano 2018. ISSN 1982-8640.)

Américo Lobo
Machado de Assis
Venceslau de Queiroz
Fontoura Xavier
Escragnolle Dória
Manoel de Soiza e Azevedo
Alfredo F. Rodrigues
João Kopke
Emílio de Menezes
Manoel José Gondin da Fonseca
Milton Amado
Aurélio de Lacerda
Benedicto Lopes
José Luiz de Oliveira
Haroldo de Campos
Rubens F. Lucchetti
Alexei Bueno
José Lira Ortigão
Cláudio Weber Abramo
Jorge Wanderley
João Inácio Padilha
Sergio Duarte
Edson Negromonte
Odair Creazzo Jr.

Luis Carlos Guimarães
Aluysio Mendonça Sampaio
Vinícius Alves
Helder da Rocha
Eduardo Andrade Rodrigues
Diego Raphael
André Carlos Salzano Masini
Jorge Teles
Carlos Primati
Isa Mara Lando
André Boniatti
Alskander Santos
Thereza Christina Roque da Motta
Raphael Soares [Elaphar]
Renato Suttana
Luiz Antonio Aguiar
Luciano Vieira Machado
Jeison Luis Izzo
Bruno Palavro
Pedro Mohallem
Wilton Bastos
Emerson Cristian Pereira dos Santos
Luiz Antonio Aguiar
Dirce Waltrick do Amarante

THE RAVEN
O CORVO

Edgar A Poe

MANUSCRITO POÉTICO

The Raven.

Once upon a midnight dreary, while I pondered, weak and weary,
Over many a quaint and curious volume of forgotten lore —
While I nodded, nearly napping, suddenly there came a tapping,
As of some one gently rapping, rapping at my chamber door.
"'Tis some visiter," I muttered, "tapping at my chamber door —
        Only this and nothing more."

Ah, distinctly I remember it was in the bleak December,
And each separate dying ember wrought its ghost upon the floor.
Eagerly I wished the morrow;— vainly I had sought to borrow
From my books surcease of sorrow — sorrow for the lost Lenore —
For the rare and radiant maiden whom the angels name Lenore —
        Nameless here for evermore.

And the silken, sad, uncertain rustling of each purple curtain
Thrilled me, filled me with fantastic terrors never felt before;
So that now, to still the beating of my heart, I stood repeating
"'Tis some visiter entreating entrance at my chamber door —
Some late visiter entreating entrance at my chamber door;—
        This it is and nothing more."

Presently my soul grew stronger. Hesitating then no longer,
"Sir," said I, "or Madam, truly your forgiveness I implore;
But the fact is I was napping, and so gently you came rapping,
And so faintly you came tapping, tapping at my chamber door
That I scarce was sure I heard you" — here I opened wide the door;—
        Darkness there and nothing more.

Deep into that darkness peering, long I stood there, wondering, fearing,
Doubting, dreaming dreams no mortal ever dared to dream before;
But the silence was unbroken, and the stillness gave no token,
And the only word there spoken was the whispered word, "Lenore?"
This I whispered, and an echo murmured back the word "Lenore!" —
        Merely this and nothing more.

Back into the chamber turning, all my soul within me burning,
Soon again I heard a tapping somewhat louder than before.
"Surely", said I, "surely that is something at my window lattice;
Let me see, then, what thereat is, and this mystery explore ;—
Let my heart be still a moment and this mystery explore ;—
          'Tis the wind and nothing more."

Open here I flung the shutter, when, with many a flirt and flutter,
In there stepped a stately Raven of the saintly days of yore.
Not the least obeisance made he ; not a minute stopped or stayed he ;
But, with mien of lord or lady, perched above my chamber door —
Perched upon a bust of Pallas just above my chamber door —
          Perched and sat and nothing more.

Then this ebony bird beguiling my sad fancy into smiling,
By the grave and stern decorum of the countenance it wore,
"Though thy crest be shorn and shaven, thou", I said "art sure no craven,
Ghastly, grim and ancient Raven, wandering from the Nightly shore —
Tell me what thy lordly name is on the Night's Plutonian shore!"
          Quoth the Raven, "Nevermore".

Much I marvelled this ungainly fowl to hear discourse so plainly,
Though its answer little meaning — little relevancy bore ;
For we cannot help agreeing that no living human being
Ever yet was blessed with seeing bird above his chamber door —
Bird or beast upon the sculptured bust above his chamber door,
          With such name as "Nevermore."

But the Raven, sitting lonely on that placid bust, spoke only
That one word, as if his soul in that one word he did outpour.
Nothing farther then he uttered ; not a feather then he fluttered —
Till I scarcely more than muttered — "Other friends have flown before —
On the morrow he will leave me, as my Hopes have flown before."
          Then the bird said "Nevermore."

Startled at the stillness broken by reply so aptly spoken,
"Doubtless", said I, "what it utters is its only stock and store,
Caught from some unhappy master whom unmerciful Disaster
Followed fast and followed faster, till his songs one burden bore —
Till the dirges of his Hope that melancholy burden bore
                Of 'Never — nevermore'."

But the Raven still beguiling all my sad soul into smiling,
Straight I wheeled a cushioned seat in front of bird and bust and door;
Then, upon the velvet sinking, I betook myself to linking
Fancy unto fancy, thinking what this ominous bird of yore —
What this grim, ungainly, ghastly, gaunt and ominous bird of yore
                Meant in croaking "Nevermore".

This I sat engaged in guessing, but no syllable expressing
To the fowl whose fiery eyes now burned into my bosom's core;
This and more I sat divining, with my head at ease reclining
On the cushion's velvet lining that the lamp-light gloated o'er,
But whose velvet, violet lining with the lamp-light gloating o'er
                She shall press, ah, nevermore!

Then, methought, the air grew denser, perfumed from an unseen censer
Swung by Seraphim whose foot-falls tinkled on the tufted floor.
"Wretch", I cried, "thy God hath lent thee — by these angels he hath sent thee
Respite — respite and nepenthe from thy memories of Lenore!
Quaff, oh quaff this kind nepenthe and forget this lost Lenore!"
                Quoth the Raven "Nevermore".

"Prophet!" said I, "thing of evil! — prophet still, if bird or devil! —
Whether Tempter sent or whether tempest tossed thee here ashore,
Desolate yet all undaunted, on this desert land enchanted —
On this home by Horror haunted — tell me truly, I implore —
Is there — is there balm in Gilead? — tell me — tell me, I implore!"
                Quoth the Raven "Nevermore".

"Prophet!" said I, "thing of evil! — prophet still, if bird or devil!
By that Heaven that bends above us — by that God we both adore —
Tell this soul with sorrow laden if, within the distant Aidenn,
It shall clasp a sainted maiden whom the angels name Lenore —
Clasp a rare and radiant maiden whom the angels name Lenore."
    Quoth the Raven "Nevermore".

"Be that word our sign of parting, bird or fiend!" I shrieked, upstarting —
"Get thee back into the tempest and the Night's Plutonian shore!
Leave no black plume as a token of that lie thy soul hath spoken!
Leave my loneliness unbroken! — quit the bust above my door!
Take thy beak from out my heart and take thy form from off my door!"
    Quoth the Raven "Nevermore".

And the Raven, never flitting, still is sitting — still is sitting
On the pallid bust of Pallas just above my chamber door;
And his eyes have all the seeming of a demon's that is dreaming,
And the lamp-light o'er him streaming throws his shadow on the floor;
And my soul from out that shadow that lies floating on the floor
    Shall be lifted — nevermore.

      Edgar A. Poe.

Inscribed to Dr. S. A. Whittaker
  of Phœnixville

Morada

1840 *Um dos lares do autor Edgar Allan Poe. A casa, onde ele começou a escrever o poema "O Corvo", está localizada onde hoje é a North Seventh Street, 530, na Filadélfia.*

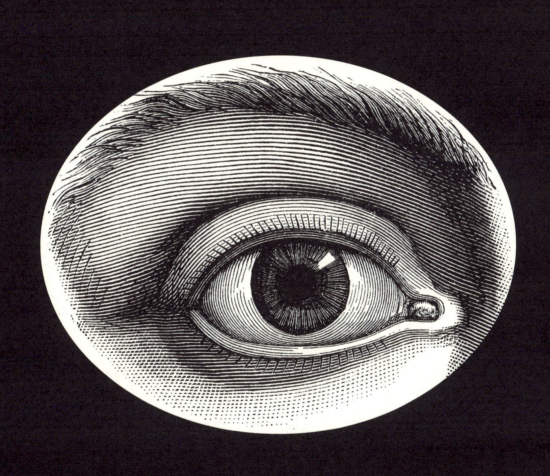

GUSTAVE DORÉ
Esboço biográfico

Paul Gustave Louis Christophe Doré nasceu na cidade francesa de Estrasburgo em 10 de janeiro de 1832, crescendo à sombra da medieval Catedral de Notre Dame, uma igreja cujos contrastes arquitetônicos e oposições entre anjos e gárgulas deve ter motivado a imaginação do pequeno artista. Conta Joanna Richardson, em sua biografia de Doré, que desde a tenra infância, o pequeno Gustave era sempre visto com seus utensílios de desenho e que ainda nos primeiros anos da sua adolescência entalhava suas próprias chapas de impressão e produziu suas primeiras gravuras.

Foi essa mistura de paixão e devoção pela arte que fez o jovem Doré enfrentar o pai engenheiro e empreender uma formação como gravurista. Sua primeira obra foi uma série dedicada aos "Trabalhos de Hércules", composta com apenas 12 anos. Em seguida, mudou-se para Paris, onde frequentou o Liceu Carlos Magno. Nesse período, seu pai faleceu e ele próprio começou a sustentar a família com sua arte. Sua primeira produção de relevância tinha viés caricatural e satírico, sendo produzida em frequência semanal para o jornal *Pour Rire*, de Charles Philipon. Estima-se que tenha produzido nesse período de três anos em torno de setecentas ilustrações. A exposição de dois desenhos à pena no famoso Salão de 1848 marca seu primeiro reconhecimento de público, ainda jovem.

Em 1856, Doré publica ilustrações para os "Contos Jocosos" de Balzac e outro conjunto dedicado ao tema do "Judeu Errante". No primeiro, fica claro seu pendor para a sátira afiada e a comédia de costumes. No segundo, seu gosto por temas fantásticos e sobrenaturais, além de detalhadas cenas de eventos naturais e crises sociais. Ali estavam os elementos que ele levaria para a sua produção futura, refinando-os ao encontro de grandes clássicos do passado. E tal empresa começaria com ninguém menos que Dante Alighieri.

Com quase 30 anos, em 1861, Doré inicia uma série de ilustrações dedicadas a cada canto de "Inferno", primeiro tomo da *Divina Comédia* de Dante. Constituindo uma grande aposta financeira, Doré precisou subsidiar parte da tiragem da edição, então sob os cuidados do editor Louis Hachette. Foi a partir do grande sucesso da edição — para a alegria do artista e do editor — que Doré pôde investir na continuidade do projeto, dedicando-se até 1868 na criação das ilustrações de "Purgatório" e "Paraíso".

Além da *Divina Comédia*, Doré viria a assinar obras eméritas, como *Dom Quixote*, de Miguel de Cervantes (1863), *A Bíblia* (1865), *Contos de Fadas*, de Charles Perrault (1862), *Paraíso Perdido*, de John Milton (1866). A essas, somar-se-iam ilustrações para poemas narrativos de Lord Byron (1853), Samuel Taylor Coleridge (1876) e Alfred Tennyson (1968).

Em todos esses projetos, Doré criou uma identidade única, povoada por seres corpóreos e etéreos, de guerreiros angelicais e demoníacos, de criaturas fantásticas gigantescas ou então diminutas, fossem elas da ordem do animal ou do monstruoso, em paisagens que iam das profundezas do Hades até as constelações do paraíso, levando seus leitores por cenários bíblicos, vastidões feéricas, cartografias rurais e mundos de encanto e imaginação.

Entretanto, tal pendor para a fantasia, o sombrio e o espiritual não inibiu seu talento para o olhar social incisivo e a exposição das mazelas da revolução industrial, elementos presentes na série *Londres — Uma Peregrinação* (1872), a pedido do jornalista inglês Blanchard Jerrold. Este, por sua vez, publicaria anos depois uma das primeiras biografias de Doré, um volume que constituiria registro importante do que se sabe da vida do artista.

A recepção de Doré em Inglaterra também merece destaque. Em Londres, o gravurista recebeu uma galeria em sua homenagem. No país das galerias literárias, tal reconhecimento evidencia o alcance da arte de Doré na Europa e demonstra sua valorização comercial. Mesmo assim, esta não esteve destituída de certa frustração.

Em uma carta, Doré confessou que precisava "matar o ilustrador" e "voltar-se ao trabalho de pintor", ímpeto que norteou os rumos da prática final de Doré, mais dedicada à pintura e à escultura. Esse sentimento nascia de um antigo repúdio por parte dos críticos ao trabalho de gravuristas em detrimento do trabalho dos pintores, não apenas na França como em toda a Europa, vide a mesma percepção perpassar a obra do inglês William Blake (1757-1827).

Tal preconceito se dava por uma compreensão de que o pintor era mais criativo e espiritual do que o gravurista, este mais associado ao trabalho manual e de cópia. Tanto Blake quanto Doré foram, em diferentes momentos e por diferentes motivos, responsáveis por essa mudança de opinião, demonstrando o quanto o trabalho da gravura — por sua complexidade de execução ao inverso e por sua composição ultra detalhada — merecia igual valorização.

Foi no ano final de sua vida, aos 50 anos de idade, que Doré receberia uma encomenda de grande importância, a primeira vinda dos Estados Unidos: ilustrar o poema "O Corvo", de Edgar Allan Poe, para uma edição especial. Embora Doré já tivesse experiência nas ilustrações de poetas, "O Corvo" era um projeto por si só desafiador, dado o sucesso que os versos de Poe conquistaram em mais de três décadas desde sua publicação.

Para a edição, Doré preparou 26 gravuras. Nelas, ele parece desafiar-se, inspirando-se profundamente pela narrativa presente no poema original — que se passa em um ambiente fechado, repleto de adereços domésticos e permeado da solidão do eu lírico que luta com a presença do pássaro que prenuncia a morte, tanto a da amada quanto a sua.

É bem verdade que tanto Poe quanto Doré tenham vivido existências mais imaginativas do que práticas, com ambos dedicando energia e fôlego ao mundo das histórias e aos medos e sonhos nascidos de mentes delirantes e visionárias. Assim, vê-los se encontrando em uma edição cujos versos e imagens encaram a finitude da morte e o enigma da existência resulta em uma experiência de leitura impactante e inesquecível.

No ano seguinte à morte de Doré, a edição de "O Corvo" foi publicada pela Harper & Brothers, com esqueletos, sombras, fantasmas e corvos rondando as páginas e os versos do poema como se prestassem uma derradeira homenagem a Poe e a Doré.

No caso de Doré, suas visões detalhadas, enérgicas e inventivas, em obras menos ou mais fantásticas, deram a muitos leitores os primeiros vislumbres de mundos narrativos outrora disponíveis apenas às classes letradas. Sem dúvida podemos chamá-lo de um educador de leitores que viram nele um primeiro vislumbre de cenas, heróis e narrativas literárias. Aos leitores contemporâneos, Doré nunca para de surpreender e impressionar, seja por esplendores visuais, sonhos pictóricos ou divindades energéticas, para não falarmos de heróis e heroínas em tudo humanos e passionais.

Segundo inventário publicado em 1931, Doré deixou um espólio de quase dez mil ilustrações, além de dezenas de libretos musicais, cartazes teatrais, desenhos originais, aquarelas, telas a óleo e esculturas de porte pequeno e médio. A excelência de suas gravuras não apenas garantiu seu sustento como o tornou um dos artistas mais requisitados e admirados do século XIX e além.

Gustave Doré morreu em 23 de janeiro de 1883, aos 51 anos, enquanto trabalhava em uma série de gravuras para a obra de William Shakespeare. Embora possamos apenas imaginar o que teria sido tal projeto, é a publicação de "O Corvo" que persiste como um epitáfio mais do que apropriado para uma vida inteira dedicada à arte, à literatura e aos eternos habitantes dos sonhos e das histórias.

EDGAR ALLAN POE
Esboço biográfico

EDGAR A. POE nasceu em Boston, em 19 de janeiro de 1809, filho dos atores de teatro David e Elizabeth "Eliza" Poe. Ao ficar órfão, foi acolhido por um rico casal sem filhos, Frances e John Allan. Em 1815, mudam-se para Inglaterra, onde Poe recebe primorosa educação. De volta aos Estados Unidos, Poe se matricula na Universidade da Virginia. Lá se destaca como aluno exemplar, mas acumula dívidas de jogos. John Allan se recusa a pagá-las e Poe é obrigado a abandonar a faculdade. Após a morte de sua mãe "adotiva", John Allan se casa novamente e tem outros filhos. Ao morrer, não contempla Poe em seu testamento. Poe muda-se para a casa da tia Maria Clemm e da prima Virginia em Baltimore. Anos mais tarde, casa-se com Virginia Clemm. Em 1840, lança sua primeira coletânea de contos, *Tales of the Grotesque and Arabesque*, em dois volumes. Em 1845, é celebrado com o poema "O Corvo". Seus contos, traduzidos para o francês, são aclamados na Europa. Em Nova York, Poe vive na miséria. Em 1847, perde Virginia para a tuberculose. No ano seguinte, viaja para dar palestras e acaba reencontrando Sarah Elmira, antiga namorada de adolescência. Com planos de casamento e promessas de sobriedade, parte de Richmond para Nova York, em 27 de setembro. É encontrado em Baltimore no dia 3 de outubro, delirante e trajando roupas que não são suas. Morre no hospital em 7 de outubro, com apenas 40 anos. Poeta, contista, crítico literário, jornalista e editor, Poe é um dos maiores gênios da literatura norte-americana. Além da soberania no território do horror, foi pioneiro na literatura detetivesca com seus "contos de raciocínio" e deixou também sua assinatura na ficção científica. Embora tenha sido esnobado pelos árbitros do cânone literário, conquistou espaço no panteão dos grandes mestres, onde permanece colossal, inescapável e eterno.

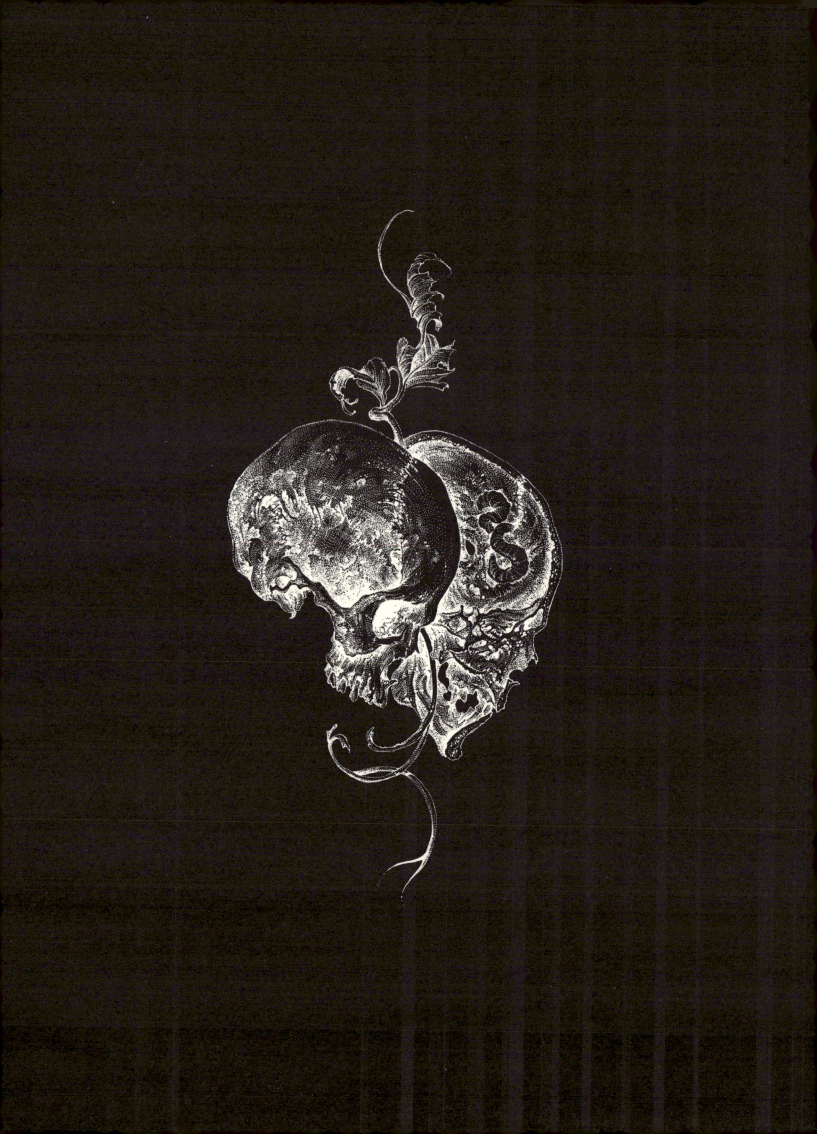

Dora Wheeler nasceu em Nova York em 12 de março de 1856. Pintora, designer de interiores e artista têxtil, formou-se na Liga de Estudantes de Arte de Nova York. Além de suas conquistas artísticas, foi uma defensora dos direitos das mulheres na arte. Cofundadora da Associação de Mulheres Artistas de Nova York, abriu caminho para futuras gerações de artistas e deixou um legado duradouro na história da arte norte-americana. Ilustrou a capa da edição de "O Corvo" que inspirou esta publicação. Faleceu em dezembro de 1940.

Marcia Heloisa é tradutora e gerente editorial na DarkSide® Books. Doutora em Literatura Comparada pela Universidade Federal Fluminense (UFF), foi docente de cursos de pós-graduação em tradução literária na Universidade Estácio de Sá e no NESPE (Núcleo de Estratégias e Políticas Editoriais). Como pesquisadora acadêmica de narrativas de horror, fez trabalho de campo na Transilvânia e deu conferências no Trinity College (Dublin) e em Oxford, onde também editou uma antologia de ensaios críticos. É conhecida por seu trabalho nos dois volumes de *Edgar Allan Poe: Medo Clássico*, além das traduções de *Drácula*, *Alice no País das Maravilhas* e *O Morro dos Ventos Uivantes*, todas para DarkSide® Books. Organizou as antologias *Vitorianas Macabras* e *Pactos* para a Macabra.

MEDO CLÁSSICO
DARKSIDE

"Batidas na porta da frente
É o tempo."

— Aldir Blanc (1946–2020) —

DARKSIDEBOOKS.COM